Frieder Wolff
Die Maus, die im Türstock krabbelt

Bibliografische Information der Deutschen
Nationalbibliothek: Die Deutsche Nationalbibliothek
verzeichnet diese Publikation in der Deutschen
Nationalbibliografie; detaillierte bibliografische Daten
sind im Internet über www.dnb.de abrufbar.

© **Friedl Wolffhardt 2014**

Herstellung und Verlag:
BoD - Books on Demand, Norderstedt
ISBN 978-3-7322-9959-1

„Über das Erwachsenwerden, wenn man schon erwachsen ist,
und über einen Weg, den man geht, um anders zurückzukommen"

Ein Teil dieses Textes ist in der Türkei entstanden und wurde zeitgleich auf meiner Seite in Facebook veröffentlicht. Ein weiterer Teil ist rekonstruiert aus schriftlichen Aufzeichnungen (die mit Kugelschreiber auf ein paar Papierschnippsel geschmiert mit mir nach Deutschland zurückgekehrt sind).

Ansonsten wurden die Texte in Teilen ergänzt.

Alle Personen in dieser Reiseerzählung sind erfunden und weisen hoffentlich keine Übereinstimmung mit realen Personen auf.

1. Die Maus in der Mausefalle 7
2. Rückblende 16
3. Von einer Last befreit? 20
4. Aufbruch 25
5. Ich brauche Geld 34
6. „Er lebt noch" 37
7. Die ersten hundert Kilometer … 44
8. Die Welt ist nur für dich gemacht 54
9. Meine Gitarre 63
10. Nummernliebe 67
11. Mein Zitronenbaum 74
12. Verletzt 84
13. Ich und die Schildkröten 89
14. Olympos 97
15. Jung sein 102
16. Nochmal über den Berg 110
17. Das Glück ist aufgebraucht 116
18. Antalya 120
19. Champions league in der Türkei 126
20. Abschied 132

1. Die Maus in der Mausefalle

An Sylvester hatte sie endlich zurückgerufen.
Das Ganze ist allerdings in etwa so abgelaufen: Sie säuselt in das Telefon: „Hey, Hey! Hallo Duuuuuu ...!!!, in gezogenem Singsang und ohne irgendein Fragezeichen erzählt sie mir dann in einem Wasserfall von Stakkatosätzen, unterbrochen durch grelles Lachen, von all ihren bewundernswerten Aktivitäten in den letzten Wochen und wie toll sie alles hinbekommen hat (auf die Frage, wie es einem selbst geht, wartet man natürlich vergebens), bis dann nur wenige Minuten später das Kind entweder einen neuen Videofilm braucht, sich am kleinen Finger verletzt hat oder eine ihrer stetig wechselnden besten Freundinnen gerade in diesem Moment in der Tür steht. Also schießt noch ein leicht gehauchtes „Tschüüüüssss ...." durch die Leitung, und das war's auch schon. Toll!

Dabei hatten wir uns zuletzt in etwa so gut verstanden wie eine wilde Hausmaus und ein 1500-Watt-Staubsauger!

Und das mit Mäusen und Staubsaugern ist so eine Sache.

Ich wohne nämlich in München Stadtmitte mit meiner sehr netten Mitbewohnerin in einem über hundert Jahre alten Gebäude mit hohen Decken, original alten Türen und Holzböden, das zwar schön ist, aber nicht unbedingt frisch renoviert. Wir hatten schon vor ein paar Jahren mal eine Maus, abends, als ich fern sah, kam sie aus ihrem Versteck und glotze mich mit ihren Kulleraugen an und war eigentlich ganz süß. Aber irgendwann überlegte ich, eine Maus ist ja ganz süß, aber wenn sie sich hier so wohl fühlt, gründet sie vielleicht eine kleine Mäusefamilie und das war mir dann wieder nicht so recht.

Also warf ich, als sie mich an einem Abend mal wieder besonders frech ansah, eine Gabel nach ihr, ohne zu zielen selbstverständlich und auch nur ganz leicht, nur um ihr zu zeigen, dass es möglicherweise bessere Orte zur Familiengründung gab. Natürlich verfehlte ich sie weit, aber die Maus verstand und verschwand für die nächsten drei Jahre. Ein bisschen vermisst habe ich sie schon, aber es war auf jeden Fall besser so.

Doch dieses Jahr kam sie zurück (wahrscheinlich war es nicht dieselbe, aber die sehen sich alle so ähnlich, und sie verhalten sich auch gleich, deshalb nenn ich sie mal einfacherweise *die* Maus). Also, die Maus war zurück und hatte nichts gelernt.

Sie knabberte das Brot von meiner sehr netten Mitbewohnerin an, bis wir es nach oben ins Regal legen mussten. Sie klaute meine abgegessenen Olivenkerne von meinem Wohnzimmertisch und bunkerte sie unter meinem Bett. Sie wurde immer frecher und war sehr, sehr flink. Und da wir in der ganzen Wohnung kratzfestes Laminat verlegt haben, auf dem ihre Krallen keinen Halt finden, „slided" sie mit dermaßen rasantem Tempo um die Ecken, dass eine hinterradgetriebene Corvette (die ja nun mal wirklich super sliden kann) sogar auf einem spiegelglatten kanadischen Eis-See vor Neid erblassen würde.

Und wir hatten leider auch den Eindruck, dass ihr das Spaß machte.

Und dann tauchte sie plötzlich überall gleichzeitig auf. Grad war sie unter meinem Klavier verschwunden, als ich sie aus der Küche kommen sah. Einmal fand ich sie im Treppenhaus, sie guckte mich herausfordernd an. Ich jagte sie ein paar Treppen runter, dann guckte sie wieder, ob ich ihr nachkomme, was ich tat, und kurz bevor ich bei ihr war, hüpfte sie wieder ein paar Stufen weiter.

Immerhin lief sie schließlich auf die Straße, ich wollte ihr eigentlich freundlichst die Haustür aufmachen, aber, wie das bei alten Häusern so ist, passte sie sowieso unten durch. Auf der Straße wartete sie frecherweise auf mich unter einem Obstgestell, und als sie mich sah, lief sie fröhlich weiter, so scheuchte ich sie immerhin in den Keller des Hotels im Haus neben uns (wo ich übrigens zuvor noch nie war) und hoffte, dass sie dort mehr Gastfreundschaft findet.

Als ich wieder in unsere Wohnung kam, saß sie in der Küche. Und fetzte erstaunlicherweise kurz darauf zehn Meter entfernt in meinem Zimmer unter der Heizung durch. Ich sprach mit meiner sehr netten Mitbewohnerin.

Wir mussten uns klar machen, so schmerzhaft es war: Es ist nicht nur *eine* Maus.

Gift war erst mal keine Lösung, normale Mausefallen auch nicht, und in Lebendfallen (egal ob Speck oder Nutella als Köder) gehen sie eh nicht rein, das habe ich schon vor drei Jahren mal ausprobiert. Außerdem ist meine Mitbewohnerin nicht nur sehr nett, sondern auch etwas sensibel (zumindest was rabiatere Methoden zur Mäusevertreibung angeht).

Also entschied ich mich erst mal für brachial laute Musik, der Holzboden bebte bei den Bässen, die Wohnungstür war offen und der Weg zur Küche abgeschnitten, die Maus guckte ein paar Mal verschüchtert um die Ecke, konnte sich aber nicht aufraffen, ins Treppenhaus zu fliehen und wir waren drauf und dran eine Kündigung nicht wegen Mäusen sondern wegen Ruhestörung zu bekommen.

Das blanke Entsetzen machte sich im Gesicht meiner Mitbewohnerin breit, als ich die zwar unwahrscheinliche, aber immerhin mögliche Hypothese andeutete, dass dies vielleicht eine Muttermaus sei, die ihre kleinen Mäusekinder, die sich noch im Klavier versteckt hielten und nicht rauskommen wollten, nicht im Stich lassen konnte.

Leider hatte ich mit meiner Hypothese recht. Die erste kleine Maus (kaum größer als ein Fingerhut) krabbelte über unseren Küchenfußboden, wo sie allerdings sehr kränklich, hilfsbedürftig und jämmerlich aussah und sich mit einer Dose leicht fangen ließ (von „sliden" keine Spur). Dramatischer allerdings war dann, gemeinsam mit einem Freund meiner bereits tränennassen Mitbewohnerin zu erklären, dass auch Babymäuse sich tot stellen können, wenn sie Angst haben (denn als die Babymaus unten im Hof in die Freiheit entlassen wurde, bewegte sie sich überhaupt nicht mehr). Ich und der Freund waren zwar wenig überzeugend, aber meine Zimmernachbarin beruhigte sich, trotzdem würde ich gerne wissen, vielleicht weiß das ja jemand: Können auch Babymäuse an einem Herzinfarkt sterben?

Aber ich muss sagen, langsam wurde ich paranoid. Überall raschelte etwas, knarzte oder klackerte, vor allem um vier Uhr Nachts, wenn ich kurz aufgewacht bin, und ich näherte mich (auch wegen dem dauerndem Schlafentzug) einem neurotischen Zustand.

Als eine der Mäuse sich dann frech neben mich aufs Sofa setzte und mit mir fernsehen wollte (und der Wahnsinn ist ja, du kannst sie nie fangen, weil sie viel schneller sind als du), war endgültig Ende mit meiner Geduld.

Ich schloss meinen 1500-Watt-Staubsauer an die Steckdose an!

Das war glaub ich erst mal *ein Punkt für mich*. So gründlich habe ich bestimmt noch nie unter den Schränken und in den Ecken gesaugt, und ich glaube, die Mäuse waren beeindruckt, auch wenn ich es wahrscheinlich nicht geschafft habe, wirklich eine Maus einzusaugen (ich wäre dann natürlich mit dem Staubsauger in den nächsten Park gegangen und hätte dort den Beutel entleert, um die Maus freizulassen, auch wenn das verboten und Umweltverschmutzung ist).

Zumindest versteckten sich die Mäuse jetzt etwas besser (dafür haben sie leider gelernt, die Küchenvorhänge heraufzuklettern und konnten so auch in den oberen Regalen naschen.). Und meine abgegessenen Olivenkerne verschwinden auch immer noch. Das sind die Momente, in denen ich gern wieder eine Katze hätte, wobei ich leider auch weiß, dass Stadtwohnungskatzen gewöhnlich Angst vor Mäusen haben und die Mäuse das frech ausnützen.

Und nachts krabbelt es und kreucht nach wie vor, ich hoffe nur, dass es inzwischen keine Enkelkinder gibt.

Dann hatte ich Glück. Eine der Mäuse (eine größere) slidete mal wieder frech quer durch mein Wohnzimmer und dann unters Klavier, guckte kurz wieder raus, ob ich denn schau und komm, was ich dann auch tat und mich mal wieder endlos ärgert, dann hüpfte sie eine Handbreit von mir entfernt fröhlich in ein winziges Loch unter dem Türstock zu meinem Schlafzimmer.

So, dachte ich mir, liebe Maus, das war ein Fehler, weil ich glaube, da gibt es keinen Ausgang. Ich packte schnell den leeren Tabakbeutel, der auf meinem Klavier lag, rollte ihn fest zusammen und verstopfte damit das kleine Loch, dann noch fünf Lagen professionelles Gaffa-Klebeband darüber und fertig – da kommt sie so schnell nicht mehr raus. Dann nahm ich mir ein Buch und setzte mich auf die Türschwelle und wartete.

Blöderweise ging es dann allerdings in dem Buch („Witwe für ein Jahr" von John Irving) in den ersten drei Kapiteln fast ausschließlich über das imaginäre Kinderbuch „Die Maus, die in der Wand krabbelt!", ein kleiner vierjähriger Junge hört Geräusche in der Wand und stellt sich ein Monster ohne Arme und Beine mit nassem Fell vor, das hin und her zappelt und sich mit den Zähnen nach vorne zieht. Es war übrigens inzwischen zwei Uhr Nacht und alles war totenstill. Aber als ich das gelesen hatte, wurde die Maus aktiv und es klang ungefähr ganz genauso aus meinem Türstock wie in John Irvings imaginärem Kinderbuch. Ein Monster, das hin und her zappelt und sich mit den Zähnen durch meinen Türstock zieht (übrigens schaffte es das kleine Monster auf diese Weise bis ganz hinauf über meinen

Türstock, also direkt über mir, worauf ich sofort das winzige Loch auf der anderen Türseite mit einem zweiten leeren Tabakbeutel „zumauerte" und verklebte).

Wer hat eigentlich dieses Haus gebaut, das sich für Mäuse anscheinend wie ein Schweizer Käse anfühlt?

Die Maus veranstaltete inzwischen hinter dem Türrahmen anscheinend so etwas wie einen Steinbruch, ständig kullerten Kieselsteine aus der maroden Altbaumauer im Türstock von oben nach unten, so dass ich schon meinte, sie kommt gleich neben mir hinter der Tapete wieder raus. Doch dann änderte die Maus urplötzlich ihre Strategie und beschloss, da wieder rauszukommen wo sie reingekommen war und hackte mit ihren scharfen Zähnen auf meinen armen leeren zusammengequetschten Tabakbeutel ein, was ein noch widerlicheres Geräusch war, Leute, und das um halb drei Nachts, wo mich Horrorfilme sonst nur zum Lachen bringen.

Aber das war mal wirklich gruselig und in meiner Fantasie wurde die aggressive und verärgerte Maus tatsächlich auch immer größer.

Übrigens, wenn man an den Türrahmen klopft, hört sie kurz auf, aber nach einer halben Minute macht sie ungeniert weiter. Und ich kann ja nicht die ganze Nacht hier sitzen und klopfen. Abgesehen davon ist es da drinnen eh immer dunkel und die Maus merkt gar nicht, wann es Tag wird.

Und jetzt kommt das, was mich wirklich nervt, denn ich bekomme Mitleid mit der Maus, die jetzt wahrscheinlich auch gern ein Bier und ein Salzbrot mit Radischen hätte (was ich gerade zu mir nehme) oder sagen wir mal zumindest von einem abgegessenen Olivenkern die

Reste abknabbern möchte (viel kann so eine winzige Maus ja nicht verspeisen).

Aber die kleine Maus wird wahrscheinlich in meinem Türstock verhungern und verdursten müssen, und das in meiner Wohnung, obwohl ich noch nie ein Säugetier umgebracht habe (gegessen habe ich allerdings schon viele ... – so viel Ehrlichkeit muss sein).

Aber wenn ich jetzt das Loch aufmache, fetzt sie mir davon und ich muss sie vergiften. Und das ist auch nicht besser.

Ich mache also den Fernseher an, um mich abzulenken, doch da läuft natürlich gerade Hitchcocks Gruselfilm „Die Vögel", und zwar die letzte Viertelstunde. Rod Taylor packt gerade Frau und Kind ins Auto, als eine unüberschaubare Menge an Möwen rund um ihn herum auf ihre nächste Attacke wartet. Logisch, dass ich danach meinen ganzen Fussboden übersät mit Mäusen mit spitzen Schneidezähnen sah, die mich wütend anfauchten.

Als ich schließlich endlich schlafen ging, machte die wütende Maus noch so viel Lärm in ihrem Türstock, dass ich froh war, als endlich die Sonne aufging und ich in die Arbeit durfte.

Noch Wochen später wachte ich Nachts schweißgebadet auf und war mir sicher, dass in jedem meiner drei Türstöcke die Seele mindestens einer toten Maus kreucht und krabbelt, mit nassem Fell zieht sie sich ohne Arme und Beine an den Zähnen an dem splitterndem Holz hoch und findet schließlich durch die Tapete einen Weg ins Zimmer, um mich anzugreifen und finstere Rache zu nehmen.

Eines ihrer Mäusekinder habe ich übrigens ein paar Tage später tatsächlich eingesaugt, natürlich habe ich den Staubsauger sofort runter in den Hof gebracht und dort ausgelehrt.

Aber die kleine Maus stellte sich tot!

Trotzdem vermisse ich sie (und ich meine damit nicht die Maus) ...

2. Rückblende

Zuletzt habe ich von ihr gehört, dass sie jetzt Katzen dressieren soll, was gar nicht so leicht ist. Sagt sie zu der einen Katze, sie soll durch den Reifen springen, bleibt diese hocken und springt die andere, und das ist vor Publikum wohl ziemlich lustig. Jetzt will sie die Kunststücke ihrem dreijährigen Sohn beibringen, ich hoffe nur, dass sie ihn nicht genauso dressieren will. Ansonsten macht sie mit ihm sensationelle Ausflüge auf Mittelaltermärkte und Ritterfeste in putzigen Kleinstädten am Bodensee.

Dabei würden unsere früheren Gespräche Bibliotheken füllen. Ich erinnere mich an ihre winzige Erdgeschosswohnung in einem Nebengebäude eines stillgelegten Münchner-Umlandsägewerks, in dem wir mit einem Kissen am Boden vor dem Holzofen ohne Punkt und Fragezeichen drauf los quatschten und uns kein Thema zu gering erschien, als dass wir nicht irgendwie mindestens einen ganze Welt daraus erfinden konnten.

Vor einem Jahr hatte ich sie zu meiner Familie mitgenommen, zur Hochzeit meines kleinsten Bruders, es war alles sehr dramatisch, weil ich meine Familie nicht oft sehe und seltsamerweise niemand mit meinem Kommen gerechnet hatte, es gab Tränen und natürlich dachten alle (oder wollten es denken), dass ihr kleiner

Junge von mir wäre, so oft ich das auch dementierte. Sie dagegen hatte bei dem obligatorischem Hochzeitsfoto, dem wir drei natürlich auch beiwohnen sollten, die unfassbare Würde besessen, vor der kompletten Hochzeitsgesellschaft zu behaupten, sie wäre ja dann wohl diejenige, bei der später alle Verwandten einmal fragen werden: „Wer ist diese Frau da hinten auf dem Foto eigentlich?". Ich zumindest fand das sensationell witzig, und abgesehen davon, dass es sich wohl ganz genau so bewahrheiten wird, hat sie mir dann doch sehr engagiert geholfen, meinen inzwischen durch die Überemotionalität meiner teilweise hysterischen Familie brüchigen Seelenfrieden über den Nachmittag zu retten.

Übrigens hat meine Familie sie schon öfters gesehen, nur scheint sich nie jemand an sie zu erinnern – was solls.

Kennengelernt habe ich sie ungefähr vor siebzehn Jahren, ich hatte gerade meinen Zivildienst beendet, den ich in einem Kindergarten absolviert hatte, in den großen Ferien wollte ich deshalb, pleite wie immer, diesmal nicht wieder in der Flaschenabfüllerei einer großen Münchner Brauerei arbeiten und bewarb mich daher als Betreuer von Jugendfreizeiten.

Um genau zu sein hatte sie mich ausgesucht und nicht umgekehrt, zuerst war sie mir nämlich gar nicht aufgefallen. Jeder Betreuer hatte sich um zwei Zimmer zu kümmern, eins mit Jungs und eins mit Mädels, in meinem Mädelszimmer waren sechs Stück davon, und drei von Ihnen waren dermaßen aufgedrehte Gören, die mich ständig einzuwickeln versuchten, um persönliche Vorteile zu erlangen (was ihnen, ich geb es zu, auch gelang), so dass ich das bleiche, schmale Mädchen mit der viel zu großen, runden Brille und wasserblauen Eulenaugen völlig übersah (mit einer der aufgedrehten Gören spielte ich übrigens ein halbes Leben später jahrelang in einer Band).

Diese Mädchen mit den Eulenaugen trug spannernderweise trotz ihrer vierzehn Jahre immer noch Jeanslatzhosen, aber vielleicht war das ja der Zeit geschuldet und hörte dann auch sehr bald auf, als sie sich für Lederjacke, Streifen-Stretch-Hosen und Springerstiefel entschied (übrigens war das auch die Teenie-Schnuller-Zeit, dass heißt, alle Teenies bis mindestens vierzehn hatten einen bunten Schnuller mit Glitzer umhängen, die besten konnten ihn unfassbar schnell im Mund um die eigene Achse drehen, was nicht leicht ist, wenn er dabei nicht herausfallen soll, ich habe es selbst ausprobiert. Ein paar Jahre später gab es übrigens dann die Tamagochis – ich hatte auch einen).

Das nur am Rande.

Also, sie schaffte es, meine Aufmerksamkeit auf sie zu lenken und wich mir den Rest der Ferienfahrt nicht mehr von der Seite. Später besuchte sie mich dann täglich in dem Jugendzentrum, in dem ich während meines Psychologiestudiums arbeitete. Weil Schaumgummimarionetten basteln für sie auf Dauer langweilig war, begannen wir, gemeinsam Filme zu drehen. Sie organisierte die Darsteller, spielte dann meistens selbst die Hauptrolle und ich begnügte mich damit, die Technik zu beschützen, wenn mal wieder völliges Chaos ausbrach (nein, ich mischte mich schon auch sonst ein).

Wir gewannen zahlreiche Nachwuchsfilmpreise und waren mehrmals im Fernsehen zu sehen, wobei wir durch die ganze Republik düsen mussten, da die Sender nicht zu uns kamen.

Als mein Psychologiestudium zu Ende war, bekam ich immerhin ein Stipendium für Drehbuch an der Hochschule Fernsehen und Film in München, wo ich dann für einige Jahre blieb.

Das war eigentlich eine schöne Zeit (ich meine, bevor ich das Stipendium an der Filmhochschule bekam), denn danach hatte ich viel zu tun, wir verloren uns etwas aus den Augen, sie machte eine Ausbildung als Zahnarzthelferin (übrigens habe ich neulich geträumt, sie in einer Zahnarztpraxis zu treffen, aber das stimmt nicht, sie arbeitet immer noch im Bio-Markt, wie ich aus Facebook erfahren habe).

Ich hatte sie seit gut einem Jahr nicht mehr gesehen. Schlussendlich hatte also doch das Staunen über die einem jeden jeweils eigenen Verletzungen seinen letztlich sprachlosen Pyrrhussieg errungen.

Manche Leute sagen lustigerweise (vielleicht auch berechtigterweise), diesen emotionalen Krimskrams hat man nur, weil man sich ansonsten nicht anders beschäftigen kann. Sozusagen aus reiner Langeweile, weil man gefühlsmäßig nicht ausgelastet ist. Sonst könnte man sich so einen Luxus wie ein Leben zwischen emotionalen Schleudergang und tiefster Agonie gar nicht leisten.

3. Von einer Last befreit?

Denn eigentlich bin ich ein ganz lebensfroher und munterer Mensch. Ich bin inzwischen ein gutes Stück über vierzig (freundlich ausgedrückt), männlich, unverheiratet und wie man weiß im Moment ohne Beziehung, wohne wie gesagt in München und bin halbwegs erfolgreicher Musiker und Drehbuchautor. Seit ein paar Jahren verdiene ich mein Geld in der Erwachsenenbildung, bin dort Dozent, was ich eigentlich schon allein deshalb ziemlich lustig finde, weil ich bei im Schnitt sechzehn Teilnehmern immer mindestens siebzehn verschiedene Nationen in meinen Kursen habe.

Aber abends und nachts, abseits dieses eigentlich erquicklichen Trubels habe ich mich zuletzt immer mehr wie ein Eskimobewohner im menschenleeren Eismeer gefühlt, unfähig einen nur halbwegs vernünftigen Plan für mein Leben zu entwickeln. Stundenlang sitze ich apathisch auf meiner Fensterbank, hörte dem Krabbeln der toten Maus in meinem Türstock zu, die auf Rache wartet, antworte nicht auf das schüchterne Klopfen meiner wirklich sehr netten Mitbewohnerin, beobachte die letzten der ungefähr zwanzig türkischen Gemüsehändler in meiner Straße beim Aufräumen ihrer Tomaten und Melonenkisten und denke sinnloserweise wieder mal an *sie*.

Plötzlich tauchte, ohne dass ich darauf vorbereitet war, eine fünfwöchige Lücke in meinem Stundenplan auf, und ich beschloss, in dieser Zeit irgendwas zu unternehmen, gar nicht mal, weil ich unbedingt weg wollte, sondern weil ich auf keinen Fall daheim bleiben und im psychischen Halb-Koma zuschauen wollte, wie die Zeit vergeht (und darauf wäre es wahrscheinlich hinausgelaufen ...).

Und so brachten mich erste Ideen auf Nepal (zu teuer), nach Alaska (auch zu teuer, außerdem beides Gruppenreisen, was ich hasse - obwohl ich es noch nie gemacht habe - außerdem nur zwei Wochen und das ist zu kurz), Indien und Südamerika per „Lonely Planet" schnell verworfen, weil da werd ich alleine nur depressiv, Großstadt, Lärm und Durcheinander und der ständige Druck, alles sehen zu müssen. Übrigens: Am Strand liegen ist für mich als überzeugter Großstadtneurotiker die absolute Hölle, ich werde nur aggressiv und drehe wegen meiner unerträglichen Gedanken, nichts zu tun, sofort selber durch und es bleibt als einzige Lösung, nicht fremdgefährdend zu werden, mich selbst zu verstümmeln. Und das kann ich auch in München!

Also Wandern (klingt zwar spießig, ist es wahrscheinlich auch, aber in der Not – mir fiel einfach nichts Besseres ein und Radeln find ich noch viel spießiger).

Ich steigerte mich in meine Idee komplett rein, ich wollte plötzlich wandern, wandern, möglichst weit und lang, mich leer wandern, bis nichts mehr von mir bleibt!

Und schon hatte ich die Idee: Ich geh zu Fuß von München nach Venedig über die Alpen, 500 Kilometer, es gibt einen schönen Weg, ich hatte mir auch schon stolz einen Wanderführer gekauft, bis ich leider feststellen musst, dass im April (und es ist gerade April) die Alpen komplett eis- und schneebedeckt sind und eine solche Tour zu dieser Jahreszeit eher für Hochleistungs-Extremwintersportler mit jahrhundertalter Erfahrung im sich selbst aus Lawinen ausgraben gemacht sind - also wieder nichts...

Aber im Internet findet man ja vieles.

Weitere Weitwanderwege (so heißen die nämlich), Korsika (zu kurz und zu hoch), Pyrenäen (zu lang und zu kalt), Jakobsweg (zu überlaufen), Deutschland (zu nass), Rumänien (zu gruselig) fielen aus, so dass nur noch die Türkei blieb. Irgendeine wahnsinnige Neuseeländerin, von der noch die Rede sein wird!, hat dort in den 90ziger Jahren einen 500 Kilometer langen Pfad („The Lycian Way" - Der Lykische Weg von Fethye nach Anatlya) an der türkischen Küste zusammengebastelt, der zwar mehr einer hochalpinen Schnitzeljagd nach gut versteckten geheimen Markierungen an den unmöglichsten Stellen gleicht als einem zumindest nach deutschem Verständnis genannten „Wanderweg", aber das habe ich ja damals noch nicht gewusst.

Erleichtert über meine erfolgreiche Lebenslösung für die nächsten fünf Wochen habe ich also so zehn Tage vor Aufbruch ganz spontan im Internet Hin- und Rückflug gebucht, und hatte wirklich keine Ahnung, worauf ich mich da eingelassen hatte.

Und jetzt sitze ich, gut eine Woche später, tatsächlich hier in der Südtürkei im Cafe auf dem Dach dieses kleinen Hostels, der Wind weht Salz ans Land und ich schau über den idyllischen Hafen hinweg auf das friedlich daliegende Meer, und alles, aber wirklich auch alles ist eine Katastrophe.

Der Patriarch der Pension, der mich für völlig verrückt hält und aus hierarchischen Gründen eigentlich gar kein Wort mit mir sprechen möchte, hat mir trotzdem netterweise vorgestern ein ebenerdiges Zimmer im Erdgeschoß angeboten, weil ich mit meinen Krücken keinen 18 Kilo-Rucksack auch nur drei Treppenstufen hoch transportieren könnte. Inzwischen lauf ich zwar immer noch mit Krücken, obwohl mein Knöchel nicht mehr ganz so geschwollen ist, dafür haben sie mir dreiviertel des Gepäcks geklaut: Pass weg, EC-Karte weg, Handy weg, Rucksack (groß) weg, Wanderschuhe weg, Stöcke weg, Erste-Hilfe-Paket, Regenzeug, Fleece-Pulli, Arnikasalbe, deutscher Wanderführer, Tabak und 300 Lira - alles weg ...

Toll. Immerhin kann ich mich über seinen Pensionslaptop per Internet endlich in Deutschland melden.

Denn mein Telefon ist auch weg, und auch wenn ich mir ihre Nummer irgendwo notiert gehabt hätte, ich wüsste nicht, was ich ihr sagen sollte.

Dafür hat meine äußerst einfühlsame Mitbewohnerin, wie ich gerade gelesen habe, auf Facebook unter meinen letzten verzweifelten Artikel über mein gestohlenes Gepäck geschrieben: „Ach, das könnte man ja auch fast symbolisch sehen: jetzt bist du von der Last befreit und kannst unbeschwerter wandern :)"

Das hat mich dann natürlich endgültig komplett platt gemacht.

Natürlich war das nett gemeint und irgendwie hat meine Mitbewohnerin ja natürlich auch recht, rein seelisch und philosophisch muss man Dinge hinter sich lassen, wenn man neu anfangen will, aber jeder normale

Mensch muss mich doch für einen kompletten Vollidioten halten.

Denn eigentlich ist tatsächlich alles schief gegangen, was schiefgehen kann, und kein Comedy-Autor hätte sich das besser ausdenken können.

4. Aufbruch

Am letzten Sonntagmorgen um vier Uhr früh, noch in München, hat meine wie mehrmals schon erwähnt sehr nette Mitbewohnerin den inzwischen 18-Kilogramm-schweren Rucksack für mich die Treppe heruntergetragen - ich hätte das mit Krücken nicht hinbekommen - und sie hat dann noch einen letzten Herzanfall bekommen (naja, später kamen wohl noch mehr, nachdem sie meine Reiseberichte im Internet gelesen hatte), als ich mit Rucksack und Krücken im Schneckentempo Richtung Hauptbahnhof wackelte.

Mit den Krücken, das war die folgende Geschichte: Ich muss allerdings erwähnen, dass ich ein absoluter Weitwanderwegwandererneuling bin, also bis auf eine paar, für Münchener obligatorischen Münchner Hausbergwanderungen keinerlei Erfahrung habe, was sich dann ja tatsächlich als Glücksfall herausgestellt hat, sonst wäre ich wahrscheinlich nie losgegangen.

Mir war nämlich aufgefallen, als ich den Wanderführer endlich mal etwas genauer gelesen hatte, dass man für so eine Reise durch Berge und am Meer entlang möglicherweise eine Ausrüstung braucht (hat mich kurz nervös gemacht, doch ich dachte, jedes Problem findet seine Lösung).

Also hatte ich wahllos im gut sortierten Fachhandel Zelt, Wasserflasche und andere sinnlose Sachen gekauft, nur bei den Schuhen war ich vorsichtig: Meine angeborenen Knie und Knöchelprobleme (gibt es in meiner ganzen Familie und die ist nicht klein), die mit ca. 25 Jahren bei mir den Höhepunkt erreicht hatten, überspielte ich die letzten zehn Jahre ganz einfach dadurch, dass ich ausschließlich superteure megamoderne ASICS-Laufschuhe mit stabilisierendem High-Tec-Fußbett getragen habe, anstatt, wie es im Nachhinein ratsamer gewesen wäre, vielleicht mal einen Orthopäden aufzusuchen und mir Einlagen machen zu lassen.

Also habe ich insgesamt vier Schuhfachverkäufer (die mir übrigens alle etwas unterschiedliches geraten haben) in zwei verschiedenen Spezialgeschäften verrückt gemacht, und mich schließlich nach stundenlangem Anprobieren unter Einbezug des Gedankens, einen schweren Rucksack über Felsen tragen zu müssen, für knöchelhohe Salomon-Treckingschuhe entschieden, um diese dann am Montag darauf mit frischen Socken und gut zugeschnürt zum Einlaufen stolz bei meiner zehnstündigen Unterrichtstätigkeit zu tragen.

Am Tag darauf musste ich dann allerdings auf allen vieren in den Keller kriechen, um die Krücken zu suchen, die eine Ex-Mitbewohnerin mal dort vergessen hat, sonst wäre ich nicht in die Arbeit gekommen.

Der rechte Knöchel war auf doppelte Größe angeschwollen, schon der Gedanke an jede Berührung brachte mich zu zweisekundenlangen Ohnmachtsanfällen, ich musste die ganze Woche mit Krücken unterrichten, meine Schüler mussten mir meine Kaffeetasse ans Pult tragen (geht mit Krücken einfach nicht) usw... Meine Kollegen schauten mich übrigens an, nachdem ich plötzlich mit Krücken in meiner Arbeit aufgetaucht war, als wäre ich ein artfremdes, unerlaubt in die Hemisphäre eingedrungenes genetisch unerkanntes Halbwesen, denn sie wussten ja doch heimlich alle irgendwie, dass ich den Flug auf meine „Wanderreise" längst gebucht hatte und tatsächlich vorhatte zu fliegen.

Aber die drohenden Schmach, vor meinen Kollegen und Freunden als Versager dazustehen, brachte meine angeborene Sturheit auf einen neuen Höchststand und ich hielt durch: Also mit Krücken und völlig überpacktem Rucksack per Flugzeug via Istanbul nach Anatlya, dort irgendwie eine Pension für eine Nacht gefunden, endlich erschöpft und traumlos eingeschlafen.

Ich musste, um meinen Weitwanderweg zu beginnen, erst mal zu meinem Wanderstartpunkt mit dem Bus 400 Kilometer bis nach Fetyhe fahren, daher war ich am nächsten Morgen auf die großartige Idee gekommen, die fünf Kilometer von der Altstadt zum Busbahnhof mit Krücken zu Fuß zu gehen, um mich schon mal an den 18 Kilo schweren Rucksack mit Zelt und allem möglichen anderem unnützen Geraffel zu gewöhnen.

Und wie man sich ja alles immer schön redet, habe auch ich gedacht, ich schaff es, was nicht der Wahrheit entsprach. Ich bin dann doch noch die letzte Station mit der ultramodernen Trambahn gefahren, wobei das Bezahlsystem derart kompliziert war, dass mir eine sehr nette junge Dame die eine Station lange Strecke auf ihrer Karte spendiert hat - überhaupt sind tatsächlich die meisten Türken hier sehr freundlich und hilfsbereit. Trotzdem war es von der Tram noch fast ein Kilometer zum Busbahnhof, und der wiederum riesengroß, und mein rechter, kaputter Fuß hat immer mehr weh getan, und zwar an der falschen Stelle. Füße dürfen weh tun, unten und oben und an den Zehen und an der Ferse, aber nicht an den Bändern, sonst kann man wieder eine Woche nicht laufen. Ich habe mich also durch die Sicherheitsschleuse geschleppt, was ein absoluter Witz war, weil alles hat gepiept, aber den Beamten war es - angesichts Krücken und weiterem ausufernden Gepäck wohl zu blöd, genauer zu kontrollieren.

Ich versuchte anzudeuten, dass ich es nicht mehr bis zu meinem Bus schaffe, zumal der in einem anderen Terminal startete, alle hielten mich (wieder mal und zu recht) für einen Typen mit komplettem Vollschatten, auf meine verzweifelten Hilferufe reagierten sie schließlich mit einem Rollstuhl, den sie gegen meinen Pass eintauschen wollten. Als ich dann meinen superschweren Rucksack in den Rollstuhl stellte, und daneben herlaufen wollte (es war unmöglich, sich mit dem Rucksack in den Rollstuhl zu setzen, das hätten sie doch sehen können !!!), hielten sie mich endgültig für geistig gestört, gaben mir aber immerhin meinen Pass zurück, schoben den Rollstuhl weg und gaben mir einen ganz normalen Kofferwagen für mein Gepäck (da hätte ich übrigens auch selbst draufkommen können, aber naja ...)

Auf einem Bein hüpfend hinter dem Gepäckwagen her schaffte ich es schließlich, nach dem Einkauf einer Wasserfasche (Bier gibt's am Busbahnhof nicht) den richtigen Bus zu finden. Die Busfahrt war oberpeinlich, ich tauchte ständig meine Socken in einen Wasserbecher und umwickelte meinen Fuß damit, um ihn zu kühlen, und OK, die Leute um mich herum waren mir da endgültig egal, aber dass ich jemals mit diesem Fuß und dem Rucksack ohne Krücken werde laufen können, war weit jenseits meiner Vorstellung.

Dann per Taxi hier in Fethye in die Pension (Taxi ist in der Türkei unglaublich teuer, was an den exorbitanten Benzinpreisen liegt), das war vorgestern, und schon wieder hat sich alles verändert.

Ich hatte mir das alles einfacher vorgestellt, schließlich bin ich nicht zum ersten Mal im Ausland, auch wenn das hier schon Asien ist und nicht mehr Europa. Aber aufgeben ist keine Option, und so habe ich am zweiten Tag nach meiner Ankunft in Fethye trotzig meine erste „Einlauftour" mit meinem kleinen Rucksack in Angriff genommen, zehn Kilometer über einen 400 Meter hohen Hügel zu der verlassenen griechischen Geisterstadt Kayaköy. Am Rande erwähnen muss ich dabei zwingenderweise, dass mein großer Deuter-Rucksack die besondere Eigenschaft hat, dass ein sehr viel kleinerer Rucksack auf ihm befestigt werden kann, der sich wie ein Affenbaby an ihn klammert, kennt man sich denn mit den diversen Schnallen und Ösen aus, so bin ich sozusagen mit einem Rucksack, der einen weiteren Rucksack trägt, unterwegs, wobei rein physikalisch am Ende doch alles ich selbst tragen muss.

Hinter der Pension ohne Ahnung von irgendwas bin ich demnach wie erwähnt nur mit dem kleinen Rucksack mit Erste-Hilfe-Paket, einer Flasche Wasser, Salbe für die Füße und Regenzeug auf Krücken die Straße hochgekrochen, irgendwie habe mir eingebildet, ein bisschen Bewegung könnte meinem Knöchel nicht schaden.

Als ich fünf Stunden später endlich am Ziel war, war ich sicher, nie wieder gehen zu können.

Aber Wunder geschehen, mein kaputter rechter Fuß hat sich noch am gleichen Tag wieder erholt und war schon fast nicht mehr geschwollen; eiskaltes Wasser in Massen aus hochromantischen Dorfbrunnen, bis die Füße blau sind und Arnika-Salbe (vielen Dank nochmal an meine Mitbewohnerin, die die Salbe noch am letzten Tag von der Apotheke geholt hatte - übrigens die Apotheke am Münchener Flughafen hatte am Sonntag um 6:00 Uhr morgens zu), am Abend dann ein türkisches Efes-Pils, was zu essen, und den Weg nachts zurück zur Pension ging ich gefühlt auf Moos und Federn zusammen ...

Also bin ich am nächsten Tag guten Mutes meine „Einlauftour" zweiter Teil gegangen, dieselbe Strecke nochmal, diesmal mit halbem Gepäck im großen Rucksack und dann noch weiter zum nächsten größeren Ort (geplant ...). Der Anfang war super, auf ebenen Teerstraßen geht es schon ohne Krücken, die ersten 10 km über den Berg war ich doppel so schnell wie am Tag davor, beim Runtergehen habe ich dann die neuen Schuhe (offen !!!) für ein Kilometerchen eingelaufen, alles perfekt.

Kurz Pause, an einem Brunnen Füße kühlen, dann wieder zu der alten griechischen Geisterstadt Kayaköy (die vor hundert Jahren noch über zehntausend (!) griechische Einwohner hatte, die dann aber von Atatürk gegen griechische Exil-Türken ausgetauscht wurden), dort 400 Höhenmeter in den alten Steingassen und über Felsen hoch zur alten Kapelle geklettert (irgend sowas hatte ich in meinem Wanderführer gelesen, dass man da hinmuss) - aber dann fataler- und unbedachterweise den falschen Ziegenpfad über Felsen und durch unendliche hüfthohe Hartlaubgewächse hinunter zum Meer genommen.

Ich ging also immer weiter, bis ich schlussendlich völlig erschöpft am Meer stand - dort habe ich festgestellt, dass vor mir nur noch Meer und rundherum Steilküste ist - kein Anzeichen von menschlichem Leben irgendwo, dabei hatte ich in meiner grenzenlosen Naivität bis zum Schluss gehofft, dass da doch irgendwo eine Stadt sein muss!!! Ich schätz mal, ich war mindestens 10 Kilometer zu südlich. Am Meer kein Weg nach rechts oder links, also wieder nach oben, steil und durch Gestrüpp und inzwischen ohne Weg, der war plötzlich nicht mehr auffindbar. Arme und Beine an stacheligen Sträuchern aufgeschlitzt, trotzdem nicht weitergekommen, Angst bekommen, dass meine Füße nicht mehr wollen und niemand mich findet und ich hier in Felsen, Wald und Gestrüpp einsam und ungefunden sterbe, also panisch wieder zurück runter ans Meer, Blut an Armen und Beinen, vielleicht sieht mich dort ein Schiff und die Wasserpolizei holt mich hier raus.

Plötzlich klingelt mein Handy, ich glaub, es war meine Zahnärztin, und ich war dermaßen perplex, dass ich nicht hingegangen bin, kam aber immerhin auf die Idee, die türkische Polizei anzurufen, aber natürlich hatte ich nicht die richtige Notrufnummer ... (ehrlich gesagt wusste ich nicht mal die Vorwahl der Türkei ...)

Da taucht in dieser Wildnis direkt vor mir ein Typ auf, Schäfer oder Holzfäller oder so, meine Lebensgeister erwachen wieder und ich sehe eine reale Chance, zu überleben, ich flehe ihn an, mir zu helfen, aber er versteht kein Wort Englisch, und zeigt irgendwie in eine andere Richtung.

Also hol ich mein Geld raus und zeige es ihm, ich will ihn bezahlen, wenn er mich zurück in die Zivilisation bringt, das versteht er wohl und nickt, trägt meinen Rucksack den Berg wieder hinauf, ich hinter ihm wie ein Wiesel auf Krücken, keine Ahnung woher diese letzte Kraft, keine Ahnung, wie meine Füße das überlebten, aber alles blieb gut ...

Alle zwanzig Minuten machten wir eine Zigarettenpause (es war doch noch mal eine ziemlich lange Strecke zurück), mein türkischer Führer (er zeigt auf sich und sagte „Zerkan") war sehr nett, und da er kein (wirklich gar kein) Wort Englisch verstand, unterhielten wir uns über europäische Fußballspieler (das heißt, wir zählten die Namen auf von Spielern, die wir beide kannten). Ich beruhigte mich etwas, kletterte mit meinen Krücken hinter ihm die Felsen rauf, wunderte mich über meine nicht schmerzenden Füße und war froh, dem Tod noch einmal knapp entronnen zu sein. Zerkan, mein Lebensretter, dachte ich.

Endlich oben am Pass, wo schon die ersten Häuser der Ruinenstadt zu sehen waren, war mein Lebensretter plötzlich mit meinem Rucksack verschwunden - ich habe gedacht, ich sehe nicht recht und humpelte krückenmäßig die 300 Meter Steintreppen runter zur Bushaltestelle und zum Touristenkassenhäuschen, aber er war nicht mehr zu finden.

Den Rest (türkische Polizei) will ich euch lieber vorerst ersparen, alle hatten (angeblich) den Typen mit meinem Rucksack gesehen, aber statt ihn in der durchaus überschaubaren Gegend zu suchen, wurden die ersten drei Stunden damit verbracht, die 10-fache Kameraüberwachung auf 16:30 Uhr zurück zu spulen, was aber natürlich nicht gelang. Also auf die Polizeiwache, Fragen nach den Vornamen meines Vaters und meiner Mutter (das war das wichtigste), und als ich dann noch nicht verheiratet und ohne Kinder war, war alles zu spät - ab da wurde ich wie der Verbrecher behandelt. So ein arroganter Vollpfosten von Polizeichef, der nicht mal ein Wort Englisch sprach und mir die ganzen fünf Stunden Verhör kein einziges Mal eine Zigarette anbot (obwohl er die ganze Zeit drinnen rauchte, was verboten war!), nicht mal ein Glas Wasser - obwohl ich außer Hose und Shirt nichts mehr bei mir hatte (ich hatte nach einem Übersetzer verlangt, der sehr viel später auftauchte und auch nicht vertrauenswürdiger war als der Polizeichef) - zum Schluss musste ich noch ein gruseliges türkisches Dokument unterzeichnen, wo mein Name und alles falsch geschrieben war, ich habe es schließlich mit dem Zusatz "if right translated" unterschrieben, um endlich ins Hostel zu kommen (21:30 Uhr).

5. Ich brauche Geld

Früher, wenn ich eine wichtige Entscheidung treffen musste, zum Beispiel was ich die nächsten zwei Monate machen will, ging ich recht pragmatisch vor: Ich machte mir eine Liste aller möglichen Alternativen, zum Beispiel mit Punkten wie eine neue Band gründen oder Auswandern, zehn Kilo abnehmen oder zum Friseur gehen, einen Roman zu schreiben oder die Arbeit zu kündigen …
Soweit alles ganz normal. Dann verteilte man die Nummern eins bis sechs und dann würfelt man.
Der Trick daran ist aber, wenn man mit der Zahl (also der dann zu fällenden Entscheidung) nicht wirklich einverstanden ist, erklärt man den Wurf sofort für ungültig und würfelt nochmal. Man darf so oft würfeln wie man will und darf auch so viele Würfe ungültig erklären, wie man will.
Man würfelt also einfach so lange, bis man sein Wunschergebnis gewürfelt hat.
Das ganze klingt zwar ein bisschen nach Betrug, ist es aber überhaupt nicht, denn am Ende des Tages haben ja doch tatsächlich die Würfel entschieden. Man kann sich durch so kleine Tricks das Leben doch viel einfacher machen, oder?

Trotzdem macht mich das inzwischen seltsamerweise auch traurig. Denn in solchen Momenten denke ich mir, dass sich mein Leben mehr und mehr nur als eine Art Skizze oder Entwurf darstellt. So, als würde ich nur auf Probe leben und für ein zweites Leben üben, dass ich dann perfekt meistern könnte und endlich mal richtig stolz auf mich sein könnte.

Aber es wird kein zweites Leben geben.

Von meinem restlichen klugerweise in der Pension versteckten türkischen Geld habe ich mir als erstes heute Morgen eine türkische Arnikasalbe für meine Füße gekauft (die komisch aussieht, aber hoffentlich auch hilft), und da ich die wichtigsten Dinge ja doppelt (bzw. im Ersatz) habe (zweite EC-Karte, Personalausweis, englischer Wanderführer, zusätzlich 100 Euro in bar gut verborgen im Hygienebeutel - war alles in der Pension deponiert - so viel zumindest habe ich auf meinen früheren Reisen gelernt) und es statistisch unwahrscheinlich ist, auf einer Reise gleich zwei Mal ausgeraubt zu werden (hatte ich mir zumindest gedacht), habe ich mich heute auf den Weg gemacht und tatsächlich in diesem mittelgroßen Fischerdorf Fethye, das ich immer noch bewohne, ein paar nette Leute gefunden, die mir hier im türkischen Hinterland den "The Lycian Way Outdoorstore" gezeigt haben, der besser sortiert ist als Sport Scheck und Sport Schuster (die Profis in München) zusammen. Und das ist tatsächlich eine wichtige Voraussetzung für ein Weiterlaufen, denn in den sonstigen türkischen Basaren und Ramschläden findet man nur überteuerte Touristen-Hobby-Strand-Rucksäcke, die auf dem ersten Berg auseinanderfallen.

Allerdings spricht unglücklicherweise auch die Verkäuferin im Lycian-Outdoor-Store kein einziges Wort Englisch!!! Aber was soll's ...

Ich werde mir also eine neue Ausrüstung zusammenbasteln müssen und dann weitergehen, allerdings fehlen mir auf meiner noch verbliebenen EC-Karte mindestens 200 Euro Guthaben, um bis zur nächsten (und dann letzten) Honorar-Überweisung zu überleben.

Wenn ihr wollt, könnt ihr mich ja mit ein paar Euro sponsern (kriegt ihr Ende Mai wieder), einfach überweisen auf mein Konto.

... und mir kurz Bescheid geben, dann heb ich die Kohle ab :-)

Vielen Dank schon mal im Voraus.

Und jetzt schalt ich den Computer aus, werde die leere Bierdose wegwerfen (hier gibt es kein Dosenpfand) und ins Bett gehen, neben meinem australischen Hotelzimmermitbewohner, der schnarcht und Angst vor Hunden hat und die Türkei eigentlich sowieso furchtbar findet, aber das ist mir heute alles egal, gute Nacht.

6. „Er lebt noch"

Heute ist Samstag, ich bin fast eine Woche unterwegs und habe endlich mal wieder Internet hier in der Pension. Doch bevor ich auf die Katastrophen und Wunder des heutigen Tages eingehe, muss ich erst noch von gestern berichten - vielen Dank erst mal für eure tatkräftige finanzielle Unterstützung, es hat gereicht, und die nächsten fünf Tage werd ich sowieso keinen Bankautomaten mehr sehen, ich konnte aber heut genug für die Weiterreise abheben, nochmal vielen Dank... (also bitte nicht mehr überweisen)

Nachdem ich nämlich am Donnerstag die Weiterreise ohne altes Gepäck geplant hatte und auf euer Geld wartete, bin ich gestern (Freitag) erfolgreich die erste Etappe der Reise (es sind insgesamt 28) gegangen (wie gesagt, so schnell kriegt man mich nicht klein und es wurde Zeit, endlich mal wirklich zu starten). Mit nur leichtem Gepäck - das schwere war ja geklaut - bin ich, Krücken schwingend, durch das „The Lycian-Way: Here begins the way!!!"-Tor (gibt's wirklich) gelaufen, habe mich dann bereits auf den ersten 200 Metern erfolgreich gegen drei Hunde auf einmal wehren müssen – die hundertjährige türkische Schäferin ca. hundert Meter von mir entfernt hat übrigens einen Herzanfall bekommen, als ich nur perplex dastand, als die riesigen

Hirtenhunde abwechselnd laut kläffend oder aber mit furchteinflößenstem Höllenhundgrollen immer näher auf mich zu kamen und zeigte mir immer nur, ich soll einen Felsbrocken aufheben und so tun als würde ich werfen, was ich dann geistesgegenwärtig auch tat. In einer Art biblischen Apokalypse wichen die Höllenhunde und ließen mich auf einem schmalen Pfad passieren – meinen eigenen Herzanfall habe ich dann erst einen halben Kilometer später bekommen, als ich realisiert hatte, was das da gerade eigentlich überhaupt war.

Ab da wanderte ich dann sehr alleine auf dem Weg durch die offenbar noch nie betretene Wildnis. Drei Mal habe ich mich verlaufen - das erste Mal sehr schlimm - aber als ich erneut bei Häuser-Ruinen landetet (dieses Mal wohl nicht von Griechen, sondern eher von türkischen Schäfern) und mich keine Lebenszeichen mehr erreichten, bin ich klugerweise umgedreht und mühevoll die 50 Höhenmeter wieder heraufgestiegen - auch hier habe ich was gelernt, lieber früher umdrehen und nachgucken, sonst ist der Weg zurück noch weiter ...

Ansonsten haben mich auf dem 8 Stundenweg nur ein paar fußballgroße Schildkröten überholt, von der Natur habe ich nicht viel gesehen, weil ich immer auf den Boden schauen musste, aber eine wilde Ziegenherde ist mit 80 Stundenkilometern knapp an mir vorbei zur Quelle gefetzt, ein Pärchen blöder deutscher Touristenwanderer hat mich überholt und mich mit meinen Krücken im türkischen Hochgebirge für total durchgeknallt erklärt - natürlich nur heimlich - hat aber selbst den Weg nicht gefunden - aber was solls - ein paar nette Pferde haben mir zugeschaut und ich hatte unendlich viel Zeit zu lernen, wie man in ausgetrockneten, steilen und felsigen Flussläufen auf vier Punkten balanciert - auf zwei Füßen und zwei Krücken - in vollem Bewusstsein, dass eine falsche statische Berechnung notfalls das Leben kosten kann. Sonst habe ich niemanden getroffen, was mich jetzt nicht unbedingt beruhigt hat - bei dieser Tastatur hier im Internetcafé geht übrigens das Ausrufezeichen nicht, sonst wär das jetzt gekommen.

Als ich schließlich fix und fertig und mit dem Leben am Ende und trotzdem glücklich meinen Zielpunkt erreicht hatte, war ich echt verwundert, den Tag bis dahin ohne größere Katastrophen überstanden zu haben - wie das mit meinen Füßen geht weiß ich inzwischen - jede Stunde einmal unter eiskaltes Wasser halten, bis die Füße blau werden, dann fett mit türkischer Arnikasalbe einreiben, Socken drüber und in die ausgelatschten Asics-Turnschuhe, die langsam auseinanderfallen und weiter - ich brauch unbedingt andere Schuhe - Felsen, kaputte Asics und dann demnächst noch 18 Kilo am Rücken vertragen sich nun mal nicht Ausrufezeichen.

Natürlich hatte ich in dem drei Häuser-Kaff Faralya gerade den Bus zurück zu meinem Hostel verpasst - also zwei Stunden warten - aber auch das war nicht die erwartete Katastrophe - also saß ich vor diesem Minisupermarkt - dessen Besitzer ständig mit dem Mofa verschwindet und seinen Laden offen, aber auch einsam und verlassen zurücklässt (hier gibt es wohl keine Räuber) - als auf der Straße vier Wanderer vorbeimarschieren. Ich denk mir nanu, die letzte sieht genauso aus wie die auf meinem Wanderführer und hat auch das gleiche an - vielleicht kann ich die was fragen - aber sie rannte weg - ich hinterher - erstaunlich wie schnell ich inzwischen mit Krücken die Straße hochlaufen kann...

Ich habe sie also noch erwischt, sie war leider keine Wanderführerschreiberin, sondern eine Rentnerin aus dem Ruhrpott, die ein paar Abschnitte des Weges mit ihren Rentnerkollegen gehen will - wobei ich ja sowas eigentlich immer irgendwie toll finde - auf jeden Fall erzählte ich ihr kurz, dass ich leider mit dem Bus 30 Kilometer zurück zu meinem Ausgangspunkt fahren muss, da meine gesamte Ausrüstung geklaut und ich neue besorgen muss - da fragte sie mich nach meinem Namen und sie flippte urplötzlich völlig aus, rief nach ihren Rentnerkollegen und brüllt ER LEBT NOCH (AUSRUFEZEICHEN DREI MAL).

Die Sache war die, sie hatten sich auf dem Weg, den ich auch gegangen war, verlaufen und etwas abseits des Weges in einem abschüssigem Zedernwald einen ausgelehrten Rucksack, Pass mit MEINEM NAMEN, Handy, etc. etc. gefunden - und sich (drei muntere Damen im Seniorenalter) allerhand kriminalistische Theorien über mein gewaltsames Ableben ausgedacht - so ein Weg ist lang und regt die Fantasie an - und - danke an die Welt - sie haben mir glücklicherweise nicht alle ihrer Miss-Marple-Theorien erzählt.

Auf jeden Fall, Handys mit Fotos vom vermeintlichen Tatort wurden gezückt (undeutlich konnte ich auf dem kleinen Fotoscreen meinen Rucksack erkennen), GPS mit Koordinaten (die von meinem Rucksack wurden nicht gefunden), schließlich erbarmte sich der einzige Herr in der Seniorengruppe, mir in meinen Reiseführer eine Skizze hinein zu malen mit dem äußerst bedeutenden Hinweis, sie hätten sich unter einer Mobilfunkantenne verlaufen, wären rechts vom Weg abgekommen - von der Mobilfunkantenne aus gesehen natürlich links –

mein Fleece-Pulli befände sich noch ein paar Meter weiter oben, dann gab's noch eine Handynummer zum Anrufen, falls ich mein Gepäck wiederfinde und die Aussage, sie hätten im nächst größeren Ort mehrmals Bescheid gesagt, doch die Leute sagten, es handele sich wohl um einen betrunkenen Touristen und haben die Senioren abgewimmelt.

Ich habe überhaupt den Eindruck, von dem Diebstahl will von den Einheimischen hier niemand etwas wissen, auch in meiner Pension gehen sie irgendwie komisch damit um. Der Patriarch meinte nur, ich solle alles vergessen. Zumindest hatten die Senioren ursprünglich vor, die deutsche Botschaft zu verständigen...

Mein Adrenalinspiegel, der in den letzten Tagen selten unter 800 Prozent Normalwert war, erhöhte sich nochmal um das zehnfache, ich trank erst mal ein Efes-Pils (das übrigens keinesfalls die auf der Dose versprochenen 5 Prozent Alkohol enthält - oft genug ausprobiert und inzwischen auch von Fremden bestätigt - maximal, wirklich MAXIMAL die Hälfte), und der angeblich GROSSE BUS NACH FETYHE, eine Art VW-Bus auf Türkisch, auf den ich zwei Stunden gewartet hatte und der der letzte an diesem Tag war, ignoriert mich mit müdem Blick, so dass ich mich mit einem TAXI in die Pension bringen lassen musste, da für einen Trip zur nächsten befahrenen Bushaltestelle mein vorsorglich geringer transportiertes Geld nicht ausreichte und ich Geld aus der Pension holen musste.

Dort hatten sie inzwischen all mein restliches Zeug ohne mein Wissen aus meinem Zimmer geräumt, aber irgendwann ist einem auch das egal, in irgendeinem anderen Zimmer (das man mir netterweise dann doch noch gezeigt hat) fand ich dann meinen ganzen Krempel und in meinem Waschbeutel in einem Geheimfach glücklicherweise doch noch einen 50 Lira Schein und war endgültig tot - davor noch ein vegetarischer Eintopf und mindestens drei (fast alkoholfreie) Efes. (Übrigens: am nächsten Tag dann verfrachteten die Pensionsleute noch einmal ohne mein Wissen meine letzten Habseligkeiten auf die Dachterrasse und erklärten mir, alle Zimmer seien ab jetzt ausgebucht und ich könnte nur noch auf dem Sofa im Aufenthaltsraum schlafen – wahrscheinlich, weil ich anderen Touristen beiläufig von dem Diebstahl erzählt hatte und der Patriarch auf keinen Fall mit so etwas in Verbindung gebracht werden will – sie wollten mich wohl so schnell wie möglich loswerden – aber das passte ja zu meinen Plänen, am nächsten Tag die Stadt endgültig zu verlassen.)

Also nächster Morgen, früh auf, halber Kaffee, kein Frühstück, ab sieben die komplette Tour mit Lokalbus und Minibus zu der alten griechischen Ruinenstadt Kayaköy, in dessen Nähe angeblich mein Gepäck liegt. Dazwischen musste ich zwei unbedarften chinesischen Touristen die Tücken der ersten Etappe des lykischen Weges erklären (ich habe gedacht, ich bin endlich mal allein, aber ich rede hier in Fethye den ganzen Tag mit irgendjemand). Dann endlich in Kayaköy bei den Ruinen, aber irgendwie waren die Leute am Kassenhäuschen unten nicht begeistert, dass ich nochmal aufgetaucht bin - ich weiß nicht warum - auf jeden Fall wollte mir niemand beim Suchen von meinem Gepäck helfen (sie hatten so viel zu tun, Tee trinken ist anstrengend), so bin ich alleine los, 200 Höhenmeter durch die alten Ruinengassen, erst zu weit rechts, dann viel zu weit rechts, dann endlich viel weiter links - ICH SCHREIBE DIESEN TEXT JETZT ZUM VIERTEN MAL UND IMMER STÜRZT DIESER SCHEISS COMPUTER AB UND DER WIRT WILL INS BETT UND ICH AUCH, mir geht es gut, ich mach jetzt Schluss, schreib morgen mehr - falls es irgendwo Internet gibt AUSRUFEZEICHEN...

7. Die ersten hundert Kilometer ...

Der Verkäufer des ersten Kiosks seit vier Tagen (in denen ich in den Bergen war), an dem ich gestern am späten Abend vorbeikroch, hat sich erbarmt, Taxi zu spielen und so landete ich nach ein paar Stationen schlussendlich doch noch in dem netten Örtchen Patara, wo es Übernachtungsmöglichkeiten gibt. Von dort aus bin ich heute früh mit dem Bus nach Kalkan, ein kleines Hafenstädtchen, in dem es endlich ein Internetcafe gibt, im zweiten Stock in einer Art Privatwohnung völlig versteckt, aber ich hab's gefunden und kann jetzt endlich wieder schreiben...

Das mit meinem Gepäck ist übrigens folgendermaßen ausgegangen: Ich war also bei den alten Ruinen bei Kayaköy, viel zu weit rechts, als ich ganz links endlich die Sendemasten entdeckte, also nochmal durch die ganze Ruinenstadt, wieder nach oben, bis zu den Masten, dann sollte ich mich ja laut Plan verlaufen, Richtung links von oben oder rechts von unten her kommend. Verlaufen ist für mich nicht schwer, und tatsächlich, entlang eines Hasenpfades im Gestrüpp entdeckte ich schließlich meinen Rucksack.

Alles ausgelehrt und durchwühlt, mein sogenannter Lebensretter hatte auch das besonders gut versteckte Geld gefunden, allerdings Pass, Handy und sogar EC-

Karte waren noch da - der Typ hat wohl gewusst, dass er damit nichts anfangen kann. Ich hatte also alles wieder zusammen-gepackt und war, jetzt mit fett Adrenalin vollgepumpt und wackeligen Knien den Berg über die Felsen wieder runtergeklettert.

Unschön war, dass die komischen Türken unten am Kassenhäuschen sich nicht mit mir gefreut haben, sondern statt dessen wieder die Polizei holen wollten, plötzlich nannten sie mich Lügner, da ich mit kleinem Rucksack aufgestiegen war und mit großem zurückkam - irgendwas hatten die total falsch verstanden, aber der nette alte Schmuckverkäufer, mit dem ich drei Tage zuvor eine Zigarette geraucht hatte und der die ganze Story kannte, meinte, ich solle so schnell wie möglich verschwinden, das mit der Polizei würde wieder Stunden dauern und absolut nichts bringen. Also ich davon zum nächsten Taxi, der Taxifahrer völlig verplant, auf die falsche Straße, die war gesperrt, dann wieder zurück und wieder am Kassenhäuschen vorbei und ich hatte die ganze Zeit Schiss, dass doch noch die Polizei mich er-wischt, aber es ging alles gut, an der nächsten Bushalte-stelle raus, da Taxi zu teuer und mit Minibus zurück zur Pension.

Übrigens zum Thema Polizei bzw. Gendarmerie in der Türkei habe ich mich später noch mit vielen netten Türken unterhalten und folgendes herausgefunden: Wenn zum Beispiel auf einem Campingplatz jemandem Geld und Pass gestohlen wird, werden erst mal alle Bewohner des Campingplatzes inklusive Opfer verhaftet und müssen dann eine Nacht in der Zelle verbringen. Am nächsten Tag werden alle wieder freigelassen und weiter passiert nichts – einfach überhaupt gar nichts. Wird die gerade beschriebene Vorgehensweise nämlich von der Polizei nur konsequent genug angewendet, sinken die (a n g e z e i g t e n !) Diebstähle und Verbrechen in dieser ausgewählten Gegend exorbitant!

Der Trick ist: Der Geschädigte wird zum Verursacher erklärt, da er ja gewissermaßen den Ärger ausgelöst hat, die kriminalistische Arbeit wird zur reinen Polizeimachtdemonstration und die Einschüchterung ersetzt die Aufklärung. Das ist – überspitzt gesagt – genauso, wie in manchen Ländern immer noch brutal vergewaltigte junge Frauen gesteinigt werden, weil sie – das Opfer wird zum Täter erklärt - angeblich ihre Vergewaltiger zuvor schamlos sexuell verführt haben (bei uns im „zivilisierten" Deutschland war das übrigens bei entsprechendem Statusunterschied vor ein paar hundert Jahren genauso!!!).

Mir wurde dann erklärt, dass das für mich etwas befremdliche Verhalten der türkischen Polizei seinen Ursprung darin hat, dass insbesondere Gendarmen eigentlich Soldaten sind und keinerlei Ausbildung außer einer kurzen militärischen haben und somit keinerlei Ahnung von westeuropäischer Polizeiarbeit. Allerdings war dieses Thema ausnahmslos allen türkischen Gesprächsbeteiligten in jeder erdenklichen Situation immer äußerst peinlich und man versuchte, durch überdeutliches Wegschauen und Themenwechsel eben jenes zu vermeiden (das war das erste und einzige Mal, dass in der Türkei jemand anderem etwas peinlich war, sonst war immer nur ich peinlich ...)

Liebe Türkei, so gern ich euch mag, bei eurer Polizei besteht Modernisierungsbedarf.

Aber das nur am Rande – ich hatte also in der Pension alles gepackt, gezahlt, mich von dem sehr netten jungen Helfer und den nicht so netten älteren Leuten verabschiedet, bin dann mit inzwischen wieder 18 Kg Gepäck zum Bankautomaten, in der Hoffnung Geld zu bekommen...

Hat funktioniert, habe 250 Euro in türkischen Lira abgehoben, sollte bis zum nächsten Bankautomaten reichen - Erleichterung, Glück, Steine von Herz in Bauch in die Hosentasche - aber der Rucksack ist immer noch viel zu schwer - wie soll es so durch die Berge gehen?

Eine sehr gute Entscheidung war, mein Zelt (3 Kg) beim Postamt - das seltsamerweise offen hatte - abzugeben, 50 Lira sollte das per LKW nach Hause kosten (Absender gleich Empfänger?!?, auch das sorgte wieder mal für Verwirrung!! - aber als ich gesagt habe, bei mir zu Hause ist jemand, waren alle erleichtert - ich glaub ich auch, was mir noch nie so aufgefallen war !!), professionelle, türkische Verpackung noch 3 Lira extra, aber in dem Karton war noch Platz, und, schon wieder eine sehr gute Entscheidung, ich habe auch noch Badelatschen, Handtuch (wer braucht schon ein Handtuch?), Pulli und T-Shirts reingeworfen - der Karton hat dann statt 3 fast 5 Kilo gewogen (entsprechend war mein Rucksack leichter) und war demnach auch 15 Lira teurer - ich konnte dem türkischen Postler leider nicht klarmachen, warum ich deshalb glücklich war, obwohl es doch jetzt mehr kostete - naja - nicht jeder muss alles verstehen...

In einer dritten, inzwischen sensationell guten Entscheidung, bin ich mit erleichtertem Rucksack (noch ohne Wasser, was später immer wichtiger wurde) zum Lycian Outdoor Store gepilgert und habe zwei neue

Wanderstöcke (die alten waren nicht beim wiedergefundenen Gepäck dabei, taten dem jungen Räuber ihren Dienst wohl noch bis Ölüdeniz und liegen dort irgendwo in den Büschen) für 40 Euro gekauft - diese haben mir mit Sicherheit später mehrmals das Leben gerettet. Dann zum Bus und über mehrere Umwege mit billiger gehandeltem Taxi nach Faralya, dem Endpunkt meiner letzten Fußreise gefahren.

Schließlich in der Abendsonne, diesmal mit vollem Gepäck, die letzten 7 Km nach Kabak, der zweiten Etappe meines Weges, gewandert - sicherheitshalber über die einspurige, kaum befahrene Asphaltstraße. Nach einem 10 Stundentag mit völligem Chaos noch mal 2,5 Stunden leicht aufwärts mit den 15 Kg Gepäck - ich sag euch schreien hilft - und was die Leute denken ist mir inzwischen berechtigterweise egal.

Spät abends in "Mamas Pension" (so heißt die wirklich) habe ich noch vier deutsche Alpinsportler getroffen, mit Equipment bestens ausgerüstet, doch die Witze waren eher mau - "Was will sie für das Bier?" Antwort: "Sechs" dann zurück "Sie will Sex für das Bier?" Wer die Mama in Mamas Pension gesehen hat, weiß sofort, das war ein Sparwitz in sehr dünnen Socken aber naja - wir sind alle früh ins Bett gegangen... (und jeder weiß, Deutsche sind überall auf der Welt peinlich).

Am nächsten Tag die dritte Etappe (von 28, habe ich das schon erwähnt?), die erste Tour mit Gepäck (12 Kg plus zwei Liter Wasser - habe ich denn das auch schon erwähnt???), 800 Höhenmeter über Felsen nach oben, neben einem Steilwände hunderte Meter nach unten, obwohl ich nicht schwindelfrei bin. Ich war teilweise völlig voller Panik und auch mal wieder völlig allein ...

Umkehren??? Aber die Sache ist ja die, wenn man erst mal eine oder zwei Stunde gegangen ist, bildet man sich in vollster Überzeugung ein, der weitere Weg zum Ziel ist in jedem Fall weit weniger schlimm als der Weg zurück - was dann allerdings meistens nicht stimmt, aber das weiß man ja noch nicht. Insofern wäre die einzige wirkliche Lösung daher, gar nicht erst loszugehen, was für mich keine Option ist - also bleibt nur auf den zu Weg schauen und immer nach oben zu krabbeln - übrigens, in meinem Wanderführer steht, genießen sie die schöne Aussicht 700 Meter nach unten aufs Meer - und das, wenn man nicht mal schwindelfrei ist und einem der Schweiß durch die Augen läuft - Ojeojeojeojeojeojeoje ...

Und dann immer wieder die Angst, sich doch schon verlaufen zu haben und im Nirwana zu sein, wo einen niemand mehr findet (vielleicht in tausend Jahren, wenn hier alles zubetoniert ist, ein paar Archäologen dein Skelett) - aber ich habe dazugelernt - man braucht nicht nur einen Kompass (den ich mir, tricky wie ich bin, dann doch noch endlich vor ein paar Tagen in Fethye gekauft habe) und eine Karte, sondern auch eine Uhr, damit man zumindest ungefähr weiß, wie lange man schon gelaufen ist (10 Minuten oder drei Stunden?), um dann zumindest ungefähr zu wissen, wo man ist.

Was mich überrascht ist, wie viele Kräfte man mobilisieren kann, wenn man denkt, es geht nicht mehr weiter und man keine andere Chance auf eine andere Lösung hat, als weiterzugehen. Obwohl ich beinah minütlich glaubte, es wäre längst geschehen, habe ich mich an diesem Tag nur einmal harmlos verlaufen und schließlich den Pass auf 800 Meter über dem Meer problemlos gefunden. Das erste kleine "Straßencafe"

(Bretterbude mit Kühlschrank) in dem schönen sechs-verstreute-Häuser-Bergdorf Alinca hatte nicht mal Bier (ein kühles Efes-Pils nach dem langen Aufstieg ist die "maximale Motivation" - übrigens nicht nur für mich), was mich völlig frustrierte und mich dazu bewog, noch ein paar hundert Meter weiter zu kriechen und völlig überraschend eine ziemlich passable "Pension" mit Dachterrasse und Bier zu finden, eine Art türkische Berg-Fata-Morgana, die einen für alle Qualen entschädigt.

Dort traf ich dann auch die dänische "Grande Dame", die in Israel wohnt und vor wenigen Monaten ihre 35-jährige Tochter wegen Leukämie an den Himmel abgegeben hat und deren (die der Tochter natürlich) drei Kinder jetzt Waisen sind, und auch noch einen französischen Airbus-Piloten (der auch genauso aussieht) mit seiner Frau, die noch mehr Höhenangst hat als ich, und der seinen Dienst bei der Air-France aufgegeben hat, weil er seit dem 11. September mit den neuen Sicherheitsregeln in der Luftfahrt nicht klarkam (er wollte nicht in seinem Cockpit eingesperrt sein und stellt deshalb immer eine Bierdose in die Tür, damit sie nicht zufällt - dreißig Jahre ist er mit offenem Cockpit geflogen und jetzt) - naja, die Zeit überholt hier so manchen und jeder hat sein Päckchen zu tragen ...

Am nächsten Tag früh morgen um 7 Uhr 30 wieder los, Frühstück (ich frühstücke jetzt! – was ich sonst in München eigentlich nie tue...), wieder einmal Tomaten, Gurken und Eier, wie auch gestern Abend und vorgestern und ich weiß auch morgen - etwas anders gibt es hier nicht außer manchmal Schafskäse oder einmal Joghurtsuppe - die allerdings tatsächlich fabelhaft war.

Dann zwei Tage in den Bergen, die wirklich schön waren, manchmal hat das Meer durch geblitzt, manche Bucht war steil, und manchmal hat man auch Menschen getroffen (vor allem abends in den Pensionen), sonst nur Schildkröten, die mich inzwischen nicht mehr überholen. Zum Denken bin ich nicht gekommen, dafür war alles viel zu schnell (was an sich ein Widerspruch ist wenn man wandert, da man ja gerade dann langsam ist), aber es ist ständig etwas passiert und es war so viel neu, so viel verwirrendes, so unglaublich viele starke Bilder und Nachts nur Schlafen aus Erschöpfung, dass kein unangenehmer Gedanke an meine Heimat auch nur annähernd mein Großhirn erreichen konnte.

Am letzten Tag dann der sieben Kilometer lange Abstieg aus den Bergen ans Meer, an diesem Tag war ich tatsächlich ziemlich schnell, und zwar deshalb, weil ich wie gesagt Höhenangst habe, und der gesamte Pfad entlang eines ziemlich steilen Hangs ging und ich leider unmöglich länger Pause machen und mich entspannen kann, solange es um mich herum nicht mindestens 16 Quadratmeter ebene Fläche gibt und der Abgrund wenigstens drei Meter von mir entfernt ist. Insofern gab es immer nur eine schnelle Zigarette im Stehen und im Eiltempo den Weg heraus aus diesem eine-Pause-unmöglich-machenden unwirtlichen Ort!!!

Das Ergebnis war, dass ich bereits mittags von vier wild gewordenen Höllen-Hunden in der Nähe des Ortes mit den heutigen Zielkoordinaten auf eine Art und Weise begrüßt wurde, dass die Entscheidung nicht schwer viel, sofort weiterzulaufen und an diesem Tag bereits die Etappe des nächsten Tages zu beginnen.

Also weiter, erst die Straße aus dem Ort heraus und dann an ihr entlang, dann wieder durch Ruinen geklettert (hier gibt es überall Ruinen, griechische, persische, arabische, türkische, trojanische, kleinasiatische usw. tausende von Jahren alt, und der Weg ist so angelegt, dass man da immer durchklettern muss) - dann eine wacklige Brücke über einen Fluss (ein netter junger Türke auf der anderen Seite des Flusses hat mir angedeutet, während ich im hüfthohen Schilf stand, dass es weiter oben tatsächlich eine gibt), nach der Flussüberquerung ein kurzes Pausen-Efes-Pils am Strandcafe (was man als Wanderer eigentlich nicht tun sollte und bei mir auch nur ganz selten vorkommt), und dann in der Ebene des Flussdeltas ewige Kilometer in der glühenden Nachmittagshitze entlang von riesigen Tomatenplantagen in Plastik-Planen-Gewächshäusern entlanggewandert (kein Wunder dass es hier morgens und abends Tomaten gibt), dann schließlich nach 10 Stunden unterwegs sein mit völlig kaputtem Knöchel am Straßenrand umgekippt, Knöchel dick eingekremt, davor mit dem letzten Trinkwasser (das inzwischen kochte) „gekühlt", die Krücken wieder ausgepackt und mich zum oben erwähnten Kiosk geschleppt und mich nicht getraut zu sagen, wieweit ich heute gelaufen bin.

Dann schließlich in dem wunderschönen Hippie- und Alleinerziehenden-Feriendorf Patara gelandet, wo ich jetzt meine Unterkunft habe und wo mein Fuß nach zwei weiteren Efes und einem gegrillten Fisch sofort wieder gut war.

Vielleicht schreib ich morgen mehr, falls ich nochmal Internet finde - ansonsten bin ich demnächst wieder für ein paar Tage in den Bergen verschollen - Ich hoffe, der

Bankautomat spuckt noch ein paar Lira aus, vielen Dank für eure Sorge, aber mein letztes Honorar sollte eigentlich schon überwiesen sein - ich hoffe, ich hör von euch und euch geht es auch gut.

8. Die Welt ist nur für dich gemacht

Ich denke an die Maus in meinem Türstock, mausetot in ihrer selbstgewählten Mausefalle, und an ihr kleines Mäusekind, eingesaugt, im Hof aus dem 1500-Watt-Staubsauberbeutel wieder freigelassen und sich tot stellend, und schlimm ist es nur, wenn ich anfange zu versuchen, alles, was ich erlebe, durch ihre Augen zu sehen – wie fände sie diesen Berg oder diese Straße oder diesen Typ? Würden ihr die Schildkröten oder die Schmetterlinge besser gefallen und über was würde sie lachen? Ich habe mich längst so weit von ihr entfernt und habe doch den Eindruck, ich könnte sie simulieren, ihre Gedanken lesen, ihr Programm starten und alle authentischen Antworten bekommen. Dabei streichelt sie laut Facebook gerade mit einem neuen Typen in Oberbayern auf ausgeschilderten Naturpfaden irgendwelche handzahmen Grautiere und ... ich weiß, ich sollte sowas nicht schreiben, aber ist doch wahr!!!

Fragt man in Sachen Liebe jemanden um Rat, erhält man meistens Küchenrezepte: Ein paar gelogene Komplimente ordentlich durchgerührt mit versteckter Kritik, garniert mit falschen Versprechungen und gewürzt mit dem Stillschweigen über echte Verletzungen, als Nachspeise das Verleugnen jeglicher Vergangenheit und zum Schluss über alles der übliche

Zuckerguss mit Bussi hin, Bussi her und wir sind ja alle so schön und toll. Und schmeckt das einem immer noch nicht? Na, dann auf zum nächsten Gang!

Ich mach mir ein Efes aus der Dose auf, und da fällt mir natürlich gleich der tatsächlich sehr schöne Song von Sven Regener ein, „Ganz egal woran ich gerade denke, am Ende denk ich immer nur an dich". Am liebsten mag ich den Satz: „tropft selbstverschwendend und wird zu Dreck dort, genau wie ich bei dir …". Ob sie meine Einträge in Facebook liest? Kommentiert hat sie zumindest bis jetzt noch nichts. „Ich bin nicht so, wie er denkt, dass ich bin und erwartet andere Dinge von mir, die ich nicht kann", hat sie ihrer Cousine erzählt, die das gleich darauf in verschwörerischer Geheimniskrämerei an mich weitergegeben hat und kurz darauf sagte, von ihr käme das nicht – Naja …

Dabei habe ich mehrere schöne (finde ich zumindest) Liebeslieder für sie und mit ihr geschrieben, ein meiner Lieblingsstellen lautet: „Du sagst, zwei Blätter im Wind haben im Sturm keine Chance und trotzdem …", wobei ich sie darauf aufmerksam gemacht habe, dass die Idee eigentlich von ihr stammt, aber sie hat nur charmant gemeint, so schön hätte sie das nie ausdrücken können – ich vermute übrigens inzwischen, sie hat diesen Text nicht auf uns beide, sondern auf sich und irgendeinen anderen Lover bezogen …

Nach dem letzten Song übrigens, den ich für sie geschrieben habe, ist sie ein halbes Jahr (stimmt wirklich!!!) nicht mehr an Telefon gegangen, wenn ich sie angerufen habe … in irgendeiner Textzeile stand wohl das falsche …

Aber vieles scheint hier in der Südtürkei plötzlich sehr weit weg zu sein, und trotz meiner immerhin seltener werdenden melancholischen Verirrungen komme ich jetzt langsam an auf meinem Weitwanderweg.

Ich packe jeden Morgen um halb acht ganz brav meinen Rucksack und mach mich auf zu meiner Tagesetappe. Und es funktioniert, mein Kopf wird immer leerer, da ist wieder Platz für das muntere tägliche Entdecken möglicher kleiner und großer Wunder. Manche Wanderkollegen lernen ja in der Früh den Wanderführer auswendig, das mach ich nicht, weil das hier auf dem lykischen Weg rein gar nichts bringt.

Denn dieser Weg ist eine Zumutung! Seit fünf Stunden geht es steil aufwärts und die Sonne wird immer heißer. Ich habe meine Wanderschuhe komplett aufgebunden, so dass die Zunge an den Fußspitzen hängt. Das hat den Vorteil, dass der Schuh nur noch einigermaßen erträglich drückt, der Nachteil ist allerdings, dass man in dem Schuh hin und her rutscht wie in einer halbvollen Badewanne. Aber alles kann man nicht haben - trotzdem werde ich irgendwann dazu übergehen müssen, die Schuhe zuzubinden. Das mit den Schuhen ist eh so eine Sache - jedes Mal, wenn ich sie wieder anziehe hat sich entweder der Schuh oder mein Fuß so komplett verformt, dass man sich nicht vorstellen kann, wie man da jemals reinpassen konnte.

30 Grad im Schatten - noch mal hundert Höhenmeter - der Rucksack ist immer noch viel zu schwer - 12 Kilo plus zwei Liter Wasser (was eh viel zu wenig ist, ich trink inzwischen 4 - 5 Liter pro Tag) sind 14 Kilo. Heut früh habe ich nochmal ausgemistet, meine zweite Hose weggeschmissen - wer braucht schon zwei Hosen? Wenn

ich meine eine wasche, muss ich halt in Badehosen rumlaufen. Aus meinem Schreibblock habe ich ein paar Seiten rausgerissen und eingesteckt, den Block habe ich der Wirtin gnädigst überlassen. Ansonsten versuche ich beim Duschen so viel Seife wie möglich zu verbrauchen (sind dann auch ein paar Gramm weniger). Das Erste-Hilfe-Paket trau ich mich nicht wegzuwerfen, die Krücken muss ich auf jeden Fall behalten, ansonsten könnte ich noch aus meinem Reiseführer die Seiten rausreißen und wegwerfen, wo ich schon überall gegangen bin (ergeben auch noch mal 50 Gramm). Bei der Karte funktioniert das leider nicht, weil die beidseitig bedruckt ist und ich noch auf der ersten Seite bin.

Aber da es hier in den Bergen eh nur morgens und abends Tomaten, Gurken und Eier zu essen gibt und so wie ich hier beim fünf-Stunden-Aufstieg rackere und schwitze und nur noch aus Wasser und Knochen bestehe, nehm ich jeden Tag gefühlte fünf Kilo ab! Das heißt, in zwei Wochen wäre ich dann leichter als mein Rucksack und dann gleicht sich das doch wieder aus, oder?

Im Wanderführer klingt alles immer so idyllisch, zum Beispiel "gehen Sie den sanft abfallenden Hang hinunter" - Wie bitte??? Sanft abfallend??? Oder zum Beispiel "hinter der Wiese mit dem verfallenen Haus klettern sie eine Steinmauer hinunter", einfach mal so hingeschrieben, klingt harmlos, aber die Steinmauer ist zwei Meter hoch und senkrecht! Geht's noch? Also mit einer komplizierten Konstruktion aus Seilen und Stöcken den fünfzehn Kilo Rucksack ablassen und dann todesmutig sich selbst runter hangeln und ins Bodenlose springen.

Manchmal denke ich echt, die Verfasser der beiden Wanderführer sind ausgemachte Sadisten, die nichts anderes vorhaben, als neurotische Zivilisationsidioten, wie ich einer bin, in den langsamen aber dafür umso qualvolleren Tod zu treiben. "Hinter der großen Platane erwartet Sie ein kurzer, etwas steilerer Abstieg ins Tal" - da stehst du dann da und merkst langsam, was mit dem Wort Euphemismus gemeint ist: Senkrechte Felsen links und rechts, kein Weg in Sicht und jeder Tritt nach unten mindestens ein halber Meter. Aber es hilft ja nichts...

Auf eine Wegbeschreibung habe ich mich gefreut: "Unten angekommen durchqueren Sie einen kleinen Fluss, der wahrscheinlich Wasser führt, so dass Sie nasse Füße bekommen werden." Das war sehr schön - ohne Schuhe durchwaten, dann auf einen großen Stein setzen und die Füße weiter ins kühle Wasser halten, bis sie blau werden (das stimmt nicht mehr ganz, inzwischen werden nur noch die Fersen und die Zehen blau) und vor sich hin träumen, sehr schön, sehr ruhig.

Hier in den Bergen ist es überhaupt sehr ruhig, du sitzt auf einem Felsen 300 Meter über dem Meer, und es ist so still, dass du einen Vogel fliegen hörst - nein, nicht flattern, sondern sein Segelgeräusch - tschchch - habe ich noch nie vorher gehört.

Dann kommt mal wieder eine Schildkröte vorbei, ein paar Bienen summen und sonst nichts...

Und irgendwie denkt man auch an nichts, zumindest kommt es einem so vor – und das ist sehr entspannend. Zuhause ist Lichtjahre entfernt ...

Man trifft hier oben wenig Leute, vielleicht ein zwei Mal am Tag, manche Tage gar niemanden oder man sieht von weitem ein paar Schäfer mit ihren Herden und macht dann lieber einen Umweg, falls die Hunde haben.

Aber als ich da am Fluss saß und zuschaute, wie meine Füße blau wurden, kamen vier Touristen mit leichtem Tagesgepäck. Mit vier kleinen Sprüngen über ein paar Steine erreichten sie das andere Ufer trockenen Fußes und waren wieder verschwunden. Sportlich zwar, aber sie wissen nicht, was sie verpasst haben.

Aber vielleicht muss man, wenn man so einen Bach so genießen will, sich davor sechs Stunden durch die heiße Sonne gequält haben und innerlich so viele Flüche ausgestoßen, in jeden nächsten Schritt all seinen Frust und seine Wut über diesen unmöglichen sinnlosen Weg gesteckt haben, dass man hier am Wasser plötzlich nie erlebte, kosmische Ruhe findet, die einen vereint mit Welt und Natur, dass man sich schon selbst kitschig vorkommt.

Allerdings wirft auch sowas einen eingefleischten Zyniker wie mich nicht aus der Bahn. Übrigens haben schon vier Leute, die mit mir gestartet sind, aufgegeben. Die Dänin mit der gestorbenen Tochter ist nach Israel zu ihrer Großfamilie geflogen, ihre dänische Freundin ist zurück nach Dänemark. Das habe ich gestern Abend von dem französischen Airbus-Piloten und seiner nicht schwindelfreien Ehefrau erfahren, die ich hier in Kaş am Hafen getroffen habe und die mich noch auf ein Bier überreden konnten, obwohl mir ständig die Augen zufielen. Auf jeden Fall gehen auch sie nicht weiter, es ist zu heiß, der Weg ist zu steil und außerdem verlaufen sie sich trotz GPS alle 10 Minuten. Jetzt düsen sie mit kleinen Fischerbooten die Küste entlang und hoffen, mich im nächsten Hafen, wenn ich zurück aus der wilden Bergwelt wieder an der Küste bin, erneut zu treffen.

Wer anscheinend tatsächlich weiterläuft, sind die vier Alpinisten aus Oberbayern, die ich vor einer Woche in Kabak getroffen habe, die mit den schlechten Witzen. Ich war um sieben Uhr aufgebrochen und hatte meine ersten acht Kilometer strammen Schrittes bereits hinter mir, saß am Wegesrand und rauchte meine erste Zigarette, da kamen sie vorbei und schauten mich an, als wär ich ein Geist. Ich winkte vorsichtig, sagte, ja, ich bin's wirklich, und ich bin auch wirklich zu Fuß bis hier her gelaufen und hatte sie sogar überholt, weil ich an einem Tag mal zwei Etappen auf einmal gegangen war.

Ich kann sie ja verstehen, so armselig, wie ich die ersten Tage auf Krücken in Zeitlupe durch die Felsen gewackelt bin, immer kurz vor dem endgültigen tödlichen Sturz, war es tatsächlich etwas mirakulös, wie ich hier plötzlich Kilometer abseits jeder Zivilisation dasitze und fröhlich rauche.

Da ich zu faul war, wieder alle zehn Minuten nach dem Weg zu suchen, begleitete ich die vier oberbayerischen Alpinisten also, das heißt, das schaffte ich zehn Minuten, dann hechelte ich noch knapp eine Stunde hinter ihnen her, denn sie rannten den Berg in einem Affenzahn hoch, ihr GPS zeigte 600 Meter Höhe, 700 Meter, 800 usw. - fröhlich verkündeten sie, nur noch 200, das war ja leicht heute. Ich war kurz vor dem Totalzusammenbruch sämtlicher Lebenskreisläufe, und wenn wir auf eine Lichtung oder Wiese kamen, wo ich normalerweise ein halbe Stunde brauche, Karte auspacke, Kompass, etc. um den Weg zu finden, schwärmten die vier Alpinisten professionell in vier Richtungen aus und durch kurze

Zurufe und kryptische Zeichensprache hatte stets nach wenigen Minuten einer den Weg wieder und die drei anderen rannten hinter ihm her.

Irgendwann nach eineinhalb Stunden bin ich einfach umgefallen und auf dem Weg liegengeblieben. Die Alpinisten bemerkten das wohl nicht mal, sie waren so mit dem Rennen beschäftigt - ich allerdings habe mich den ganzen Tag von diesem Hammersprint nicht mehr erholt und musste mich die restlichen 13 Kilometer durch die Büsche quälen, bis ich schließlich knapp neben der Quelle des Zieldorfes endgültig tot umkippte.

Aber Wunder geschehen immer wieder, und ich lag seltsamerweise vor einer Zauberhütte, klein, weiß, bescheiden, vorne kleine Terrasse mit einem Tisch und zwei Stühlen und einem Schild CAFE DEDE - ich robbte hin, wurde von einem 80jährigen Türken auf Deutsch begrüßt und mit einem Efes-Pils zurück zu den Lebenden geholt.

Man kam so ins Gespräch, der alte Herr hatte 15 Jahre in Berlin als Schneider gearbeitet, hat eigentlich eine Wohnung in Istanbul, aber ist hier in dieses kleine Dorf, in dem nur noch sehr alte Menschen wohnen, gezogen, weil seine gleichaltrige Frau Alzheimer hat und sich in der Stadt nicht mehr zurechtfindet.

Das hat mich erst mal erneut platt gemacht, die Einfachheit, wie er das so erzählt, als sei es das selbstverständlichste der Welt ... Sein einer Sohn arbeitet in Berlin und kommt im Sommer mit seiner deutschen Frau zu Besuch, der zweite Sohn arbeitet unten im Hafen und mein Bus zur Pension (da oben gibt es keine) kommt in 10 Minuten. Wie klein ist eigentlich mein eigenes Leben, habe ich mir kurz gedacht, aber Gedanken scheinen nicht mehr so wichtig zu sein - Ich hatte alles erfahren, was wichtig war.

Also nochmal die Straße runter, den Bus um eine Minute verpasst, kurz die Hand ausgestreckt, und ein Pickup hält, auf der Ladefläche Tische und Stühle, ich werf meine Stöcke und meinen Rucksack auf die Ladefläche und klettere hinterher, der Pickup fährt die kleine Bergstraße runter ans Meer, Wind geht durch meine Haare, die Sonne färbt das Meer rot, sanft geht es bergab ohne Anstrengung. Und da ist plötzlich der magische Moment, in dem du denkst, die Welt ist nur für dich gemacht...

9. Meine Gitarre

Ich denke nicht mehr jeden Tag an sie. Hier ist alles bunt und knistert, macht mich leer und füllt mich wieder auf. Und München ist ganz weit weg.

Das ist das schöne hier in der Türkei – ich habe keine Erinnerungen an dieses Land, da ich noch nie hier war – und damit jeden Tag aufs Neue die Chance, etwas ganz unschuldig zu entdecken.

Gestern waren es wieder 22,5 Kilometer zu Fuß über Felsen und durch Gestrüpp, 600 Höhenmeter rauf und 400 wieder runter, mit Rucksack und ohne Krücken - ich bin selbst erstaunt, was der Körper so alles kann, wenn er keine Alternative hat...

Das peinlichste ist ja, und ich habe mich ehrlich gesagt bis jetzt nicht getraut, es auch nur zu erwähnen, dass ich hinten auf meinem Rucksack noch eine Wandergitarre geschnallt habe, falls mir mal langweilig ist in den einsamen Bergen oder so habe ich mir gedacht... jaja...

Trotzdem: Beim Gepäckaussortieren zur Rucksackerleichterung war die kleine Gitarre keine Option, eher schon die zwei paar Ersatzsaiten in der Hoffnung, es wird schon keine reißen (nein, ich habe noch beide Ersatzsaitensätze). Also, dann war ich wirklich in den Bergen, in einer einsamen Pension, in meinem Zimmer, das aus mir unerklärlichen Gründen komplett mit

Badezimmerfliesen gekachelt war (in der Mitte stand das Bett) - auf jeden Fall war es eine super Akustik und ich habe probiert, ob ich noch ein paar alte Songs aus meiner Straßensängerkarriere von Cohen oder Don McLean hinbekomme, was so einigermaßen geklappt hat. Nach all den Kikerikis und Muhs und Mähs in den letzten Tagen war es wirklich sehr toll, mal wieder so etwas Zivilisiertes wie eine menschliche Gesangsstimme zu hören (zumal, wie gesagt, die Akustik in meinem Schlafbadezimmer hervorragend war).

Ich setzte mich nach meinem musikalischen Intermezzo also raus auf die Veranda und drehte mir eine Zigarette, als eine vielleicht fünfundzwanzigjährige hübsche, braungebrannte Bergbauerndame vorbeilief und die kurz nachdem sie an mir vorbei war mir mit ihren braunen Augen einen Blick zuwarf - Oh Je - sie hatte mir wohl zuvor zugehört - ich bin auf jeden Fall den Rest des Abends mit Sonnenbrille herumgelaufen (was ich sonst nie tue), damit mir das nicht nochmal passiert - ehrlich gesagt, ich habe mich gefühlt wie fünfzehn, dabei bin ich 44, und allein für diesen Augenblick hat es sich gelohnt, die Gitarre durch die Berge zu schleppen, ich werd mich nie wieder beschweren.

Manchmal hat man hier in den Bergen den Eindruck, dass die Leute dich in einem einzigen kurzen Moment komplett durchleuchten und einscannen und dann mit einem einzigen ernsthaften Blick alles sagen können, bevor sie dann kurz darauf wieder, so sieht es für mich zumindest aus, völlig gefühlt autistisch ihrem Tagesgeschäft nachgehen.

Aber auch, wenn ich diese mittelschwere hochromantische Kreativkrise ohne blaues Auge überstanden habe, denke ich an sie, an die Liebe und wie eigentlich meine beziehungstechnische Zukunft aussehen soll.

Es ist ja so: Wenn ich hier in der Türkei Frauen treffe, ist das etwas anderes, da ich nicht vorhabe, ein möglicherweise auch sehr hübsches und äußerst liebenswertes, türkisches Bergbauernmädchen zu heiraten, und das müsstest du hier sofort tun. Schon mehrmals sollte ich verkuppelt werden, fast jeder, der erfährt, dass ich nicht verheiratet bin, kramt irgendwo aus seiner Verwandtschaft eine noch ledige, mit allen Vorzügen und großer Schönheit gesegnete Cousine heraus.

Dann müssten sich meine Eltern (die ja geschieden sind) mit ihren Eltern treffen und für mich um die Hand deren Tochter anhalten, und so ein Treffen wäre weit unwahrscheinlicher als dass ich plötzlich durch eine Laune der Natur die Fähigkeit entwickeln würde, Tote zum Leben zu erwecken. Aber mal ernsthaft, eher lauf ich ab sofort von hier barfuß bis nach Peking als dass ich meine Eltern um so etwas auch nur am Telefon anfragen würde!!!

Andererseits, wenn man nicht wenigstens den Hauch einer Illusion über das Wesen des anderen in sich trägt, verliebt man sich wahrscheinlich nicht, und da ist eben der Wurm drin.

Die Realität holt mich zurück aus meinen Gedanken, denn leider war den dänischen Damen, die damals noch willens waren zu laufen, mein Gitarrenspiel auch nicht entgangen, so musste ich am nächsten Abend in der nächsten Hütte meine letzten Beatles- und Dylan-Songs zum besten geben, als ich dann von Elvis "Blue suede shoes" gespielt habe, hat sich die 12-jährige Tochter des Hauses gekringelt vor Lachen und kam kurz darauf mit einem Blatt zurück, auf dem der Text eines Songs, ich glaub von den Cranberrys stand, den ich aber nicht kannte, so haben wir uns auf ein paar einfache Volkslieder geeinigt, die ich leicht spielen konnte und die jeder in seiner eigenen Sprache sang.

Der französische Airbus-Pilot und seine nicht schwindelfreie Frau, die damals auch noch dabei waren und übrigens das Bier für diesen Abend organisiert hatten, fanden das alles ziemlich Klasse und einen gelungenen Abend. Ich war irgendwann nur noch betrunken und platt und fiel wie ein Stein ins Bett. Und habe von Schnee geträumt.

10. Nummernliebe

Wer einer Frau nachtrauert, ist wahrscheinlich ein Träumer, jemand, der sich nicht mit Realitäten auseinandersetzen will. Deshalb ist der Weg hier auf eine Weise so einfach, man ist mitten in der Realität und irgendwie auch doch nicht. Aber die Probleme sind lösbar. Wenn man sich nur genug anstrengt, kommt man dahin, wo man will, wenn auch nicht immer so, wie man denkt, aber immerhin.

Meine Freundin Nummer 15 zum Beispiel war auch eine Träumerin. Ich bezeichne hier in diesem Text meine vergangenen Beziehungen (oder sagen wir besser, die Frauen, in die ich verliebt war, ich war nicht mit allen zusammen) mit Nummern, nicht aus Respektlosigkeit, sondern weil, als ich erwähnt hatte, auch etwas über den ursprünglichen Auslöser meiner Reise schreiben zu wollen (Frauen), mein gesamter erweiterter Freundeskreis kreidebleich geworden ist und mir in nächtlichen konspirativen Telefonaten selten einmütig die ernst gemeinte Frage zu stellen versuchte, ob ich mir denn sehenden Auges und noch dazu schriftlich noch mehr Feinde machen wolle, als ich eh schon habe. Das habe ich schließlich eingesehen. Deshalb die Nummern.

Also, Freundin Nummer 15 war eine Träumerin. Sie hat zum Beispiel immer, wenn sie vor der Wahl stand, etwas zu realisieren oder einfach nur zu träumen, das Träumen vorgezogen. Fantasiebegabt wie sie war und sicherlich auch noch ist, konnte sie tagelang träumen, ganze Welten sich bauen von Prinzen und Schlössern, erstaunlicherweise ohne je auch nur ansatzweise darüber unglücklich zu sein, dass die Sprache der Wirklichkeit sie schnöde verhöhnte.

Nummer 7, die wirklich ein unglaubliches Gespür für spannende Personen hat, hatte sie zu mir nach Hause gebracht, zum Psychologie lernen. Daraus wurde nicht wirklich was, wir tranken Bier und spielten Gitarre, laberten über Gott und die Welt und auch noch den ganzen Rest, und man, ich war sofort sowas von verliebt, dass ich alle drei folgenden Nächte nicht schlafen konnte und die ganze Zeit nur überlegte, wie ich sie wiedersehen könnte und zwar möglichst oft.

Also gründete ich aus dem Blausten alles Blauen heraus eine Band, und da sie kein Instrument spielen konnte, wurde sie über Nacht zur Leadsängerin. Und wir dann auch irgendwann ein Paar.

Übrigens behauptete Nummer 15, alle ihre vergangenen fünfzig Lover (die Zahl stimmt tatsächlich) beim Namen zu kennen und auswendig aufsagen zu können, außer bei einem, dessen richtigen Namen sie nicht kannte, aber er nannte sich Tiger, und insofern … (gilt das wohl auch …)

Ein paar Jahre später, als der Erfolg abgeklungen war und wir längst nicht mehr zusammen waren und nicht mehr täglich in Bayern3 unser einziger Hit gespielt wurde, bin ich an Tagen, an denen ich mich schlecht gefühlt habe, zu Saturn-Hansa gegangen und habe völlig übertreuert unsere gemeinsame CD gekauft, obwohl ich noch ca. achtzig Stück bei mir daheim stehen habe, aber jede 14,99 Euro waren es mir wert. Danach habe ich mich wirklich besser gefühlt.

Leider hat Saturn-Hansa die CD inzwischen aus dem Sortiment genommen und aus dem Internet runterladen ist nicht das gleiche. Aber ich erinnere mich gerne daran.

Nummer 16 ist übrigens nicht wirklich erwähnenswert (obwohl durchaus eine spannende Person) und mit Nummer 17 hatte ich kein Sex. Das bedeutet aber nicht, wie ich inzwischen weiß, dass man nicht trotzdem unglücklich sein kann.

Am liebsten erinnere ich mich an Nummer 1. Es war meine erste, große und natürlich auch sehr tragische Liebe. Ich hatte davor zwar schon ein paar Freundinnen, aber das war nichts Ernstes, z.B. in Portugal eine Strandbekanntschaft, ich war siebzehn, habe eine Woche bei ihr im Bett übernachtet, wir waren wie zwei Geschwister, es war wunderschön und romantisch. Am letzten Tag allerdings hatte ich zu viel Bier getrunken, dann gemeint, ich muss unbedingt an der Teppichstange fünfzehn Überschläge hintereinander machen, habe dann die Bude ihrer entsetzten Eltern vollgekotzt und bin folgerichtig, als ich die zweitausendfünfhundert Kilometer zurück nach München getrampt bin, ständig schier im Boden versunken vor Scham (aber sowas muss ja jeder mal durchmachen).

Nein, meine erste Liebe kam in Schwabing in das Musikcafé nähe Münchner Freiheit (wo „Ramses der dritte" komische bayerische Trinklider sang) und hatte erstaunlicherweise eine Beatles-Platte unter dem Arm (die auch damals schon 25 Jahre alt war), ohne Tasche und Tüte, und ich war völlig hin und weg. Kurz gab es noch Aufregung, weil sie nach einer gemeinsam durchgemachten Nacht aus irgendeinem seltsamen Grund dachte, ich wäre in ihre Freundin verliebt, aber das stimmte nicht, ich war einfach am Anfang so platt, dass ich etwas zu schüchtern rüberkam, aber zwei Tage später war auch das geklärt.

Als wir beide dann auf dem Küchenboden ihrer Eltern herumgetollt sind und uns gedreht und gekringelt haben, kam ihr Vater rein (ich erinnere mich deutlich an seinen Blick) und dies war auch mein letzter Besuch bei ihren Eltern. Stattdessen hat sie an ihrem achtzehnten Geburtstag zum ersten Mal Schule geschwänzt und die Entschuldigung natürlich stolz selbst unterschrieben, sie habe Kopfweh oder so, aber in Wirklichkeit sind wir natürlich nach Venedig getrampt und haben am Markusplatz Tauben verscheucht.

Wir waren in Griechenland, London, Paris, Taizé (falls das jemand kennt), in Portugal und Spanien, überall hin getrampt (damals ging das noch), ich habe Straßenmusik gemacht, sie selbstgeflochtene bunte Freundschaftsarmbändchen verkauft, so haben wir uns einen ganzen Sommer lang und bis weit in den Herbst in ganz Europa durchgeschlagen.

Als wir dann endlich eine eigene Wohnung hatten und etwas bürgerlicher wurden (naja), studierte ich Musik und sie ging auf die Erzieherschule. Wir hatten zwei Katzen und färbten bei WG-Partys die Pfannenkuchen bunt, nähten uns Pluderhosen aus gebatikten Bettüchern und waren der Meinung, die glücklichsten Menschen der Welt zu sein. Zumindestens bildeten wir uns das ein.

Wer wen verlassen hat drei Jahre später ist sicherlich nicht leicht zu beantworten, es gibt immer ein innen und ein außen, den Wunsch nach Zusammengehörigkeit und den nach Freiheit. Aber es war ein harter Schnitt in unser beider Leben, denn unsere erste Liebe war wie oft geschehen als absolut angedacht und der Verlust des Vertrauens war eine gewaltige Erschütterung.

Ich schrieb monatelang herzzerreißende (aber leider auch sehr kitschige und selbstmitleidige) Liebeslieder, die heute glücklicherweise nicht mehr spielen kann. An meinem Geburtstag war sie in der Schweiz bei einem neuen Lover und sagte nur kurz und trocken Bescheid. Ich fühlte mich verraten, raste mit selbstmörderischem Tempo mit dem Fahrrad durch die Stadt, war wütend, verzweifelt und oft betrunken.

Sie kam zurück, als ich gerade Nummer 3 oder 4 zu Besuch hatte, ich wollte sie nicht rein lassen, sie aber kam am nächsten Tag wieder, verbrachte insgesamt drei Tage vor meiner Wohnungstür. Was waren das für Zeiten, ohne Handy und Internet, keine SMS, kein Facebook, man hat einfach stundenlang vor der Tür gewartet, ob der Geliebte oder die Geliebte kommt, es war oft Zeitverschwendung, aber irgendwie hatte es auch was. Ich ließ sie irgendwann rein, aber natürlich war es zu spät.

Es sind seit Anfang der Menschheit immer auch Rituale gewesen, die den Menschen Erleichterungen schaffen wollten bei Tod, Erwachsen werden, Verantwortung übernehmen zu müssen aber auch neues Leben zu bestaunen.

Mein Ritual war, ein ganzes Wochenende lang einzig allein vor dem damals analogen Telefon der deutschen

Post zu sitzen und zu überlegen, ob ich sie nochmal anrufe oder nicht. Ich habe es nicht getan.

Dann passierte etwas Erstaunliches: Irgendwie trafen wir uns ein paar Monate später zufällig wieder, und ich kam abends zu ihr in ihre neue kleine Uraltbau-Dachgeschoßwohnung in Giesing/Au, ich hatte meine Gitarre mit, wir tranken Tee und später Wein (oder auch nicht, ich weiß nicht mehr), wir sangen ein paar der alten Lieder zusammen und hatten noch eine Nacht, die mir im Nachhinein als die schönste meines Lebens vorkommt, nie hatte ich so zärtlich und nah mit ihr Liebe gemacht.

Die Sonne ging auf, brannte unbarmherzig auf das schräge Blechdach, wir tranken Tee und aßen eins der letzten selbstgemachten Brötchen der kleinen Familienbäckerei um die Ecke, ich packte meine Gitarre ein und – und ja, es war in Ordnung. Es war ein Abschied für immer, aber ein friedlicher, ein sehr schöner!

Das war unser Abschiedsritual, und wir haben beide gewusst, dass wir jetzt getrennte Wege gehen werden. Wir haben uns viele Jahre nicht mehr gesehen und uns erst wieder vor ein paar Jahren auf ihrem vierzigsten getroffen, sie hat gemeint, ich wäre breit geworden (?!?), sie allerdings ist trotz ihrer inzwischen drei Kinder (wenn ich mich recht erinnere) immer noch so schön wir früher.

Was ist eigentlich nur alles schief gegangen seit dem?

Nummer 1 verkauft jetzt selbstgemachte Hängematten und ein Clown hat mit ihr ihre Kinder großgezogen, zumindest soviel ich weiß. Ihre beste Freundin von damals ist Lehrerin geworden, ich habe sie neulich auf einem Konzert von mir in einer Vorstadt von München getroffen, zu dem sie gekommen war. Sie hat mir erzählt, wie ich damals mit Nummer 1 und ihr gleichzeitig im Auto auf dem Rücksitz rumgefummelt habe, und plötzlich, aber glücklicherweise nur für einen kurzen Moment, war mich doch wieder alles peinlich!

11. Mein Zitronenbaum

Diese Pension hier in Demre ist die totale Freakshow. Der Besitzer ist ein neutürkischer Vollpfosten, der dich abwechselnd auf Deutsch und Englisch anredet, weil er sich deine Nationalität nicht merken kann. Er weiß über alles und jeden Bescheid und kann angeblich alles organisieren (vom Schulbus bis zum Treckingzelt), aber wenn du wirklich was brauchst, ist er mit Sicherheit verschwunden. Wenn du seine Frau was fragst, antwortet diese dir erst gar nicht (wie leider meistens in den Pensionen in der Provinz), sondern ruft ihren Mann am Handy an und gibt einem dann das Telefon, was dann ungefähr so informativ ist wie die türkische Polizei nach dem Weg zu fragen aber naja.

Ein völlig frustriertes deutsches Paar aus Hamburg, um die fünfzig, ist noch da, die jammern die ganze Zeit über alles, und obwohl sie schon eine Woche da sind, haben sie noch keine Etappe gesamt geschafft und wollen jetzt ausgerechnet mit dem Taxi (obwohl sie ohne Ende geizig sind) in das hässlichste und kleinste Fischerdorf an der Küste fahren, um von dort aus Tagesausflüge zu unternehmen. Die beiden Holländer sind nicht viel besser, ihnen ist es viel zu heiß (was stimmt für diese Jahreszeit), sie wollen morgen noch kurz Ruinen besichtigen und übermorgen verfrüht nach Hause zurück.

Meine Unterbringung nennt sich Bungalow, aber es ist eine Art Blechgarage mit Wasserschlauch als Dusche, und da teilweise komplett nach außen offen und direkt an der Straße erreicht ein vorbeifahrendes Moped in meiner Behausung rund 130 Dezibel Schalldruck! Die Blechgarage direkt neben mir bewohnen drei Gastarbeiter, die zehnmal schmutziger sind als ich, was eigentlich nicht möglich ist - außerdem stellen sie ihre stinkenden Stiefel immer vor meine Garage und setzen sich dann vor die ihre, um stundenlang Nüsse zu knacken. Das ist übrigens nichts gegen nachts, als erst die Garage vom Schnarchen bebte, dann zwanzig Minuten seltsamstes Gestöhne zu hören war und schließlich einer der drei Nachbarn einen zweistündigen!!! stimmt wirklich!!! grotesken Hustenanfall bekam, von etwa zwei bis vier Uhr morgens. Spätestens ab vier, wenn sich kein Gockel böse in der Zeit vertan hat, gibt es über Stunden ausgiebigen Gekrähewettstreit, bis dann endlich der Muezzin sein zwanzigminütiges Gequengel beginnt.

Ich will zurück zu meinem Zitronenbaum!

Mein Zitronenbaum steht in Kaş, ich habe erst gar nicht gemerkt, dass es einer ist. Kaş ist ein sehr schönes friedliches Hafenstädtchen, in dem ich vor ein paar Tagen war. Mein Zimmer war im Erdgeschoss oder, wenn man anders will, im dritten Untergeschoss, da die Rezeption auf der Dachterrasse ganz normal von der Straße her ebenerdig betretbar war, sich demnach als Erdgeschoss bezeichnen könnte und nicht als dritter Stock, was wiederum daran liegt, dass das Haus an einen sehr steilen Hang gebaut war, aber eigentlich ist es auch egal - mein Zimmer war ganz unten.

Da mein Zimmer keinen Balkon oder Terrasse hatte wie meistens sonst, setzte ich mich abends auf die kleine Steinmauer neben der Pension, betrachtete die Lichter im Hafen und in den Wohnungen rund um mich herum, trank ein letztes Efes-Pils und rauchte noch eine. Das war sehr schön, fast wie bei mir daheim in München auf der Fensterbank, wo ich immer sitze und den fünfzehn türkischen Gemüsehändlern in meiner Straße zuschau. Am zweiten Tag habe ich dann den Zitronenbaum direkt über mir entdeckt - ich hätte, ohne mich wirklich bewegen zu müssen, eine pflücken können (was ich nicht getan habe), aber diesen Platz habe ich lieben gelernt.

Aber jetzt sitz ich hier in dieser gruseligen Industrie- und Tomatenstadt Demre vor meiner Blechgarage und ärgere mich, dass ich mich heut früh schon wieder so krass verlaufen habe, dass ich den Rest meiner Etappe nicht mehr geschafft habe und deshalb morgen nochmal zurück muss. In dem Wanderführer stand „... am Ende des Zauns rechts auf einem Pfad hinunter ins Tal, dann halblinks durch eine Lücke in der Mauer auf eine Teerstraße." Ich also den Pfad runter ins Tal, dann halblinks, da waren auch jede Menge Mauern über die ich kletterte und kam schließlich auf einen lehmigen Traktorweg. Das hätte mich schon stutzig machen müssen, aber da ich am Tag zuvor so vorbildlich am Meer über die Klippen entlang navigiert war, war ich etwas überheblich und marschierte weiter hinunter ins Tal, wo ich ein halbaufgefressenes Wildschwein und einen in absoluter Einsamkeit festgebunden Grauesel traf, den ich übrigens nicht gestreichelt habe. Trotz zahlreicher Bemühungen (der richtige Weg muss doch nur ein paar hundert Meter weiter links sein) endeten schließlich alle Wege irgendwann bei einer verlassenen Schäferhütte oder am Schluss im totalen Gestrüpp. Wieder vollgepumpt mit Adrenalin habe ich in einem höchstdramatischem Lauf vorbei an Wildschwein und Esel den Weg zurück gefunden und war nach drei Stunden endlich schweißgebadet wieder am Anfang meiner Tagesetappe, was wirklich sehr erleichternd war.

Dann wieder den Zaun lang, ich kam wieder zum Ende des Zauns und dachte mir, tricky wie ich bin, diesmal fällst du nicht darauf rein, und gehst geradeaus weiter. Und tatsächlich nach einem Kilometer kam ich wieder zu einem Zaun und auch der endete, und ich stand wieder vor der Entscheidung, geh ich jetzt rechts oder nicht? Das sind die Momente, in denen ich mir denke, warum bin ich nicht einfach unter meinem Zitronenbaum geblieben?

Stattdessen rechts hinter dem Zaun auf einem kleinen Pfad runter ins Tal - oh, Mann, wie ich das hasse! Warum kann nicht mal ein Tag ohne Katastrohen ablaufen? Ich habe den Weg schließlich gefunden, es ging nur 50 Meter runter, dann zwei Kilometer nach links und aufwärts - von wegen hinunter ins Tal!!! ... Ich habe später übrigens noch einige andere getroffen, die sich an dieser Stelle verlaufen haben, ein Pärchen hat dann in höchster Verzweiflung und Todesangst (nachdem sie aus ihrem Funkloch geklettert waren) den Besitzer der Pension angerufen, sind den Berg zurück zum Ort raufgekrochen und haben sich dann per Auto an den Endpunkt der Etappe chauffieren lassen ...

Ich sag nur, mein Zitronenbaum...

Also, ich marschiere wieder gutgelaunt (ausnahmsweise mal ein paar Meter geradeaus) durch Heuschreckenschwärme, begleitet von Schmetterlingen und misstrauisch beäugt von ein paar festgebundenen Kühen, die mich zwingen, wieder einen Umweg durchs Gestrüpp zu machen, da treff ich in völlig menschenleerem Gebiet diesen grummeligen Hallbergmooser (Hallbergmoos ist ein Ort in der Nähe des Münchner Flughafens) - eigentlich kommt er ja aus Tittenkofen, das man genauso schreibt wie man es spricht und umgekehrt, übrigens ist der Ort bekannt, weil da auch Monika Gruber herkommt, falls die wiederum jemand kennt, also ich treffe den Hallbergmooser, der allein unterwegs ist und mir in breitestem Oberbayerisch von seiner brasilianischen Ehefrau erzählt, die vor Jahren an einem Strand in Brasilien ihren goldenen Ohrring im Sand verloren hat, und diesen vor einigen Monaten am Langwieder See wiedergefunden hat am Ohr einer anderen Brasilianerin, die ein Jahr später an dem selben einsamen Strand in Brasilien eben diesen gefunden hatte. Wir tauschten weitere Anekdoten aus unserem Kuriositätenkabinett aus, er war von meiner Krückenstory fasziniert, der Nachmittag verging im Flug - später am Abend sah er aber sehr müde aus, und ich hatte irgendwie die Vision, seine brasilianische Ehefrau hat ihn rausgeschmissen und er läuft jetzt hier einsam und alleine durch die brütende Hitze, um etwas von seinem stattlichen Bierbauch zu verlieren und bei ihr nochmal eine Chance zu bekommen. Ist aber nur eine Vermutung...

Abends habe ich dann noch meine Füße ins kalte Meerwasser gesteckt, da hat mich doch glatt ein frecher Krebs in den Zeh gebissen, ich habe gedacht, ich seh nicht recht!!! Das war in Nähe eines Dorfes, das genau aus vier Personen bestand, einem jungen Pärchen und deren dreijährigem Sohn, der wie ein Mädchen aussah und dem Bruder des Vaters, der hier im Sommer mithilft. Das Dorf ist entweder mit einem Tagesmarsch über Felsen und durch Schluchten (wie ich es machte) oder mit Kamelen durch die Bucht (inzwischen hat ein uraltes Moped die Kamele ersetzt) und dann mit dem privaten Miniboot zum nächsten Ort und dann mit dem Schulbus weiter zu erreichen. Ich konnte mir die Frage nicht verkneifen, wie das mit Sohn, Kindergarten und Schule so zusammenpasse, aber der Vater beruhigte mich, wenn der Sohn sechs wäre, müsste er nur alle vier Tage einmal zur Schule?!?

Ich habe dann mit dem äußerst musikinteressierten Sohn abwechselnd ein paar Song auf der Gitarre gespielt (mit leichten Unterschieden in der Virtuosität), aus diesem Anlass hat der Hausherr dann mit Hilfe seines Bruders ein Lagerfeuer entzündet, um die Romantik perfekt zu machen. Leider wollte (oder durfte) die von weitem sehr hübsche Ehefrau nicht zu uns ans Feuer kommen, obwohl sie, wohl inspiriert von meiner und ihres Sohnes musikalischen Vorträgen, in ihrem Küchenschuppen bei der Zubereitung von Tomaten und Gurken (Hauptspeise war Kartoffeln mit Reis, Beilage war Hirsebrei), so schöne türkische Volkslieder sang, dass ich fasziniert von ihrer klaren, leicht vibrierenden Stimme nicht genug davon bekommen konnte. Leider kam sie nicht, sondern versteckte sich im Haus, wie viele türkische Frauen hier am Land, zu gern hätte ich irgend etwas Einfaches mit ihr zusammen gesungen...

Wenn man hier in der Türkei auf dem Land eine ältere Frau nach dem Weg fragen will, rennt sie weg – ich habe das auch erst nicht geglaubt – aber es ist wohl tatsächlich so, und viele Türken haben mir das bestätigt, dass die älteren Frauen hier am Land aus Traditionsgründen so seltsam das klingt, simpel Angst haben, vergewaltigt zu werden (von mir???). Dabei scheinen männliche Jungtürken tatsächlich gleichzeitig sowohl schlimm testosterongebeutelt als auch nicht sonderlich wählerisch zu sein, was, wie ich aus sicherer Quelle erfahren habe, dazu geführt hat, dass noch in den neunziger Jahren viele ältere „Damen" in der Türkei Urlaub machten, also ein „Paradies" für sich gefunden haben, ähnlich wie sonst nur in Schwarzafrika beziehungsweise für Männer in Südostasien.

Mit dem gemeinsamen Singen mit der Ehefrau wurde also aufgrund traditioneller Ängste leider nichts.

Statt dessen schafften zwei anatolische Metropolentürken aus Ankara, die mit einer Live-You-Tube-Schaltung über den lykischen Weg das Internet noch voller machten als es eh schon ist, mich tatsächlich heimlich am Lagerfeuer beim Singen eines Cat-Stevens-Songs zu filmen (wie peinlich). Danach telefonierte der Dickere der Beiden in dieser wunderschönen Sternennacht über eine Stunde lautstark direkt am Feuer mit seinem Handy nach Ankara und läutete damit endgültig das Ende des eh schon verblassenden Hippiezeitalters ein. Ich ging früh ins Bett (eine kleine Koje neben dem Hühnerstall), hörte noch kurz dem türkischen Rumgebelle der beiden Metropoltürken zu, träumte von den wunderschönen Volksliedern der verschollenen Ehefrau und wachte bald darauf mit Mordgedanken aufgrund eines extrem konsequenten Gockelhahns auf.

Ich will zurück zu meinem Zitronenbaum...

Hier so weit weg von der Zivilisation, das ist nichts für mich. Ich möchte mich zumindest zwischen drei verschiedenen Restaurants entscheiden können, einen Supermarkt in der Nähe haben und einen Stromanschluss am Klo, damit man nicht mit Taschenlampe in stockfinsterer Nacht - den Rest erspar ich euch, nur noch der Hinweis, dass so eine Taschenlampe üblicherweise einen Lichtkegel bildet, der immer nur einen Teil des Geschehens beleuchtet.

Übrigens hat hier fast niemand mehr eine Taschenlampe, sondern alle haben - genau wie ich - eine 'Taschenlampenapp' am Handy....

Das Hippiezeitalter ist endgültig vorbei.

Dass man sich hier so oft verläuft, hat auch damit zu tun, dass fast alle Ort hier mindestens zwei Namen haben, so heißt zum Beispiel Ölü Deniz in echt Belgeğiz, Gelemiş heißt Patara, je nachdem, und der Industrie- und Tomatenort, in dem ich leider gerade bin, heißt auf der Vorderseite der Karte Kale und auf der Rückseite Demre, den dritten Namen habe ich vergessen. Und dann gibt es natürlich noch den Ort „Okcuöldüğü", den ich weiträumig umgangen habe um nicht beim Versuch, den Ortsnamen zu lesen, am Ortsschild tot umzufallen.

Der Halbergmooser meinte, das läge daran, dass Atatürk die alte Schrift (laut dem Halbergmooser waren das seltsamste Hackl irgendwo zwischen Arabisch und Thailändisch) abgeschafft und die lateinischen Buchstaben inklusive utopisch vieler Umlaute eingeführt hat - immerhin kann man sicher sein, dass in jedem ordentlichen Ort hier, der etwas von sich hält, auf dem zentralen Platz eine mal eher strenge, mal eher gütige Atatürkstatue steht. Ich stell mir gerade eine gütig die Hand über Deutschland hebende Angela Merkel in Bronze auf der Säule mitten am Marienplatz in München vor...

Dann würde es Deutschland besser gehen.

Inzwischen kann ich ja sogar meine Schuhe fast bis oben zubinden und komm auch immer besser voran - aber die erste Woche - es war echt so peinlich - die Treppe im Hostel habe ich mich hochgehangelt, dann mit langsamen Schritten mit steifen Beinen, barfuß und platt auftretend den Kaffee zu meinem Frühstücksplatz balanciert - wenn mich dann jemand gefragt hat, was ich hier in der Türkei mache, habe ich es beim besten Willen nicht zustande gebracht, dem zu erzählen, dass ich 500 Kilometer nach Antalya zu Fuß über Berge, Klippen und Felsen laufen möchte ...

Gut 270 Kilometer habe ich jetzt - immerhin...

Hier in einem der äußerst seltenen Internetcafés (die Türken haben diese Ära übersprungen sind gleich zu Tablets mit W-LAN übergegangen) sitze ich übrigens zwischen drei Schulklassen mit acht- bis zwölfjährigen, die unter lautem Geschrei vom Autorennen bis zum Ballerspiel die Computertastaturen traktieren - hin und wieder gucken sie verstohlen zu mir rüber und gucken, was ich mach - ich mach das übrigens genauso.

Vielleicht frag ich nachher mal einen, ob er mir so ein Spiel erklärt...

Morgen geht es wieder in die Berge.

Und ich denke immer noch an meinen Zitronenbaum. - ich könnte jetzt dort sitzen und den Segelbooten zu schauen und vor mich hin träumen, nicht mehr an sie denken, frei von Vergangenheit, erlöst von der eigenen Geschichte, immer im Jetzt und dort bleiben - aber ich habe diese Reise nicht angefangen, um irgendwo anzukommen - nicht beim Zitronenbaum und auch nicht in Antalya - auch wenn ich da hin möchte und es wohl zumindest zeitlich immer noch zu Fuß möglich ist ...

Wenn ich in Antalya bin, werd ich ins Flugzeug steigen, und kurz vor dem Start wird das Flugzeug die Höhenruder an seinen Flügeln nochmal rauf und runter klappen, um zu testen, ob sie wirklich funktionieren, so wie ich es jeden Morgen mit meinen Füssen mache - erst die Zehen, dann das Fußgelenk, dann die Knie rauf und runter klappen, wenn's funktioniert, wird gestartet.

Nein ich bin nicht losgegangen um irgendwo anzukommen, sondern um anders zurückzukommen...

12. Verletzt

Oh Gott, was für eine Woche! Seit gestern Abend geht es mir wieder gut, zumindest einigermaßen. Man könnte fast schon sagen, ich bin glücklich.

Die Katastrophe ist in Kumluca passiert, als ich das Stück Küstenautobahn mit dem Dolmusch (türkischer Nahverkehrskleinbus mit sehr individueller, aber immer überwältigend bunter Innenausstattung) überbrückt hatte und beim Aussteigen und Rucksackaufsetzen plötzlich dieser Stromschlag in mein linkes Knie kam. Ich habe versucht, es zu ignorieren, aber zwei Schritte später der nächste Stich, ein Blitz mitten durchs Knie. Keine Ahnung woher - ich bin nicht umgeknickt oder so - der Schmerz war einfach ganz unerwartet da.

Entweder kam er daher, dass ich den Abend davor noch einen schönen, aber langen Strandspaziergang mit meinen alten Asics gemacht habe und mein Knie sich nicht umgewöhnen konnte und deshalb jetzt so komisch reagiert, oder ich habe mich in der Nacht beim Schlafen in meinem viel zu engen Schlafsack so komisch zur Seite gedreht und dabei in meinem Knie einen Nerv eingeklemmt.

IGNORIEREN!!! Also weiter die Straße entlang, ganz langsam, vorsichtig auftreten, das geht schon wieder weg...

Wenn ich nur an diesen Moment denke (jetzt) tut mein Knie schon wieder weh.

Ich finde, Knie sind etwas extrem psychologisches, meine Knie haben etwas mit Angst zu tun, ich habe Angst vor dem Schmerz, dann bewege ich meine Knie falsch oder gar nicht und das macht alles nur noch viel schlimmer. Ich hatte das vor zehn Jahren schon ein paar Mal, jedes Mal dauert es Wochen, manchmal Monate, bis alles wieder wirklich gut ist.

Für die fünf Kilometer zur Pension in Karaöz (ein übrigens sehr friedlicher Ort, gäb es dort nicht Gockel und Mopeds) habe ich fünf Stunden gebraucht, aber immerhin, ich bin angekommen und schaffte es an diesem Abend zumindest noch, das gesamte Ausmaß der Katastrophe zu verdrängen. Ein Tag Pause, dann wird es schon!!!

Eigentlich kam mir alles ganz logisch vor - ich hatte irgendwie eh immer unbewusst gewusst, dass so was passieren wird / muss - außerdem waren jetzt drei Wochen rum und knapp zwei Drittel der Strecke geschafft, da muss der Held innehalten, eine kurze Pause machen und über sein Leben und seine Träume nachdenken. So wird es zumindest in allen Lehrbüchern für fortschrittliche Dramaturgie gefordert, im Musical ist das der sogenannte Neun-Uhr-Song, meist eine schrecklich kitschige Ballade mit tonnenweise Weltschmerz und für immer verloren gegangener Liebe. Aber im letzten Drittel bezwingt der Held (meistens) seine Feinde und alles wird wieder gut. So mögen wir es im Normalfall.

Also - mich ganz auf meine erlernte Dramaturgie verlassend - machte ich einen Tag Pause, dachte über mein

Leben nach, so wie es sich an dieser Stelle im Drehbuch gehört.

Ich setzte mich also ins Strandcafé, machte gehorsam eine Liste, was in meinem Leben daheim gut läuft und was nicht (meinen Job und meine Wohnung z.B. mag ich! Sonst gefällt mir eher weniger …), wen ich zu viel liebe und wen zu wenig, wer mich zu wenig liebt oder zu viel oder der Meinung ist, ich sollte ihn mehr lieben oder weniger und umgekehrt...

Ich weiß nicht warum, aber das erinnert mich an Nummer 12, mit der ich übrigens auch nie Sex hatte (sie war glaub ich lesbisch), sie liebte Streifen, am besten schwarz-weiß. Und da sie diese Eigenschaft bereits als Dreijährige besaß, war sie von dem Klavier ihrer Eltern dermaßen fasziniert, dass sie unbedingt darauf spielen wollte. Wahrscheinlich liebte sie übrigens auch Töne.

Als ich sie kennenlernte, spielte sie Klavier, mit langen, schwarz-weiß-gestreiften Wollhandschuhen ohne Finger dran, dafür bis zu den Ellbogen hoch, das hat mich damals total umgehauen!

Und sie spielte so fabelhaft, dass man sich einfach nur auf den Rücken legen musste und die Augen schließen und die Welt war so voll Glück, dass man sich von ihr getragen fühlte. Sie spielte alles auswendig, hatte nie Noten, ich glaube, das meiste hat sie einfach gerade in diesem Moment erfunden, ihre Handballen hingen immer 10 Zentimeter unter der Klaviatur, und das sah so extrem entspannt aus, so leicht, und dabei joggten ihre Finger, die die Handballen ja halten mussten, so flink vom höchsten Cis bis zum tiefen D, dass sich ihre herabhängenden Arme einfach mitbewegen mussten, es sah sensationell aus.

Und das alles noch mit schwarz-weißen fingerlosen Wollhandschuhen.

Im Gegensatz dazu, Nummer 15 z.B. wollte auch unbedingt Klavier spielen lernen, und zu diesem Anlass lieh ich ihr mein altes Keyboard, das zwar nicht perfekt war, aber zum Üben gut genug. Leider entdeckte sie sofort, dass eine der Tasten klemmte, und drückte immer wieder auf diese eine Taste, die eben klemmte. Ich wollte sie beruhigen, habe gesagt, sie kann ja weiter oben spielen oder weiter unten, oder eine Hand oben und eine unten oder so, zum Üben reicht es, aber sie guckt mich wieder mit ihren riesengroßen braunen Augen an und drückte nochmal auf die kaputte Taste.

Sie hat nie auch nur eine kleine Melodie ordentlich und ohne Fehler spielen gelernt, obwohl sie fast ein Jahr Unterricht gehabt hatte.

Dafür hatte ich mit ihr guten Sex …

Übrigens ist Nummer 12, meine Lieblingspianistin, die das auch bis heute geblieben ist, leider psychisch immer sehr instabil gewesen, wie übrigens viele meiner Liebesbeziehungen, mal mehr mal weniger, aber viele hatten sich auch immer in Behandlung begeben, aber heute ist ja eh alles anders, wir nähern uns langsam New York an, wo seit Woody Alan eh jeder zweite einen Psychiater hat (ich hoffe, dass das nicht an mir liegt, übrigens glaub ich das auch nicht, es liegt eher an meiner Selektion, da ich für sensible Frauen äußerst empfänglich bin). Ich habe der umwerfenden gestreiften Dame also erklärt, dass auch am Klavier es mehr weiße Tasten gibt als schwarze, und dass das Leben immer irgendwie weitergeht, aber retten konnte ich sie damit leider nicht.

Dabei möchte ich selbst gerne gerettet werden, und im Augenblick muss ich das ja wohl eher selbst tun.

Ich hatte mich in München ja zuletzt gefühlt wie die Maus, die in meinem Türstock krabbelt, die Steinbrüche veranstaltet und mit ihren scharfen Zähnen in den Tabakbeutel hackt, der ihr den Ausgang verstopft.

Und ich spürte einfach diese Lücke in meinem Leben, diese Lücke, weswegen ich überhaupt erst hierhergekommen bin. Nein, ich denke nicht an *sie*, vielleicht war sie wirklich nur ein „Lückenbüßer" für die Leere, die sich in den letzten Jahren in mein Leben geschlichen hatte. Um sie zu füllen, deshalb bin ich hier!

13. Ich und die Schildkröten

Bevor ich los flog, hatte ich noch einen guten Freund von mir gefragt, ob er denn glaube, so eine Reise könne einen verändern, und in dem ihm eigenen charmanten Zynismus lachte er mich liebevollerweise aus. Eine Kollegin von uns meinte daraufhin, auch sie habe mal in ähnlichen Schwierigkeiten gesteckt und bis zum letzten Tag nicht gewusst, ob sie die Reise wirklich antreten solle, habe es dann doch gemacht und das war das beste, was sie habe tun können. Diese Antwort wollte ich - ehrlich gesagt - hören – wollte weiter in meinem Traummodus geschaltet bleiben, es war die perfekte Antwort, die jetzt und hier nur noch eingelöst werden muss.

Ich war also sentimental, betrunken, habe mich meinem Selbstmitleid hingegeben, dann später abends noch mehr getrunken (glücklicherweise einsam hinten auf dem Balkon der Pension, so dass mich niemand gesehen hat), und mich noch mehr in meinem Selbstmitleid gesuhlt und schließlich ins Bett gefallen.

Am nächsten Tag war alles noch viel schlimmer, mein Knie hat noch mehr weh getan und ich war noch selbstmitleidiger - obwohl das gar nicht mehr ging und es war einfach alles unglaublich frustrierend.

Ich war dann endgültig so abgrundtief über mich und mein Leben enttäuscht, dass ich meine Krücken wieder ausgepackt habe. So schnell kriegt mein Knie mich und meine Reise nicht klein!!! Es war einfach nur Sturheit, dass ich einfach die Dinge nicht so akzeptieren wollte, wie sie waren, totale Sturheit (und nicht etwa Tapferkeit oder Stolz, wie jemand denken könnte), ich schnallte also meinen 15-Kilorucksack incl. drei Litern Wasser auf den Rücken und nahm mal wieder mit Krücken die Route über die Asphaltstraße, weil übers Gelände, über Klippen und Felsen - NO WAY!!!

Natürlich hat es dann auch noch geregnet, und es ist sooooo langweilig, stundenlang über kleine Asphaltstraßen durch den Regen im totalen Schneckentempo - ich möchte sogar sagen, komplett erniedrigend als inzwischen bekennender Weitwanderwegwanderer, sowas erniedrigendes habe ich selten erlebt.

Dabei war ich die letzten Tage so gut gewesen, ich habe sogar einen alten Russen überholt, was eigentlich sehr lustig war. Ich war munter und tagträumend mit gesunden Füßen und Knien entspannt den kleinen Ziegenpfad durch eine große Wiese mit vielen Felsbrocken entlanggelaufen, als mir auffiel, dass ich schon länger keine Markierung mehr gesehen habe (man sollte nicht träumen beim Wandern), ich hatte also gelernt, stellte meinen Rucksack ab und fing an, das Gelände nach einer Markierung abzusuchen, war nach zehn Minuten sicher, dass hier keine ist, dies der falsche Weg war und ich umkehren musste, was nicht weiter schlimm war. Bloß: Wo war jetzt mein Rucksack??? Auf die Idee war ich bis jetzt noch nicht gekommen, dass man nicht nur den Weg, sondern auch seinen Rucksack nicht mehr finden kann - und irgendwie fand ich das auch ziemlich lustig, weil mein Rucksack genauso grau ist wie die Felsen alle hier und praktisch hinter jedem Felsen stehen kann.

Ich habe ihn trotzdem gleich wieder gefunden und war gut gelaunt auf dem Rückweg, als mir ein alter Russe mit noch größerem Rucksack entgegen kam. Ich grüßte, merkte an, dass ich glaube, hier geht's nicht weiter, da sah er mich mit einem Blick irgendwo zwischen abgrundtief böse und aufs tiefste verachtend an: "This is right way!", holte sein GPS raus, schaute drauf und guckte mich erneut böse an. Ich versuchte, abzuwägen, aber dann doch in Richtung Zurück zu gehen, als er etwas verunsichert einen zweiten Blick auf sein GPS warf und dann sagte "500 Meters left". Aha, dachte ich mir, das probierst du jetzt mal aus und nickte, dackelte hinter ihm her und ein paar hundert Meter später waren wir wieder richtig, was ihn freute und er grinste sogar.

Danach ging's allerdings steil aufwärts und er atmete schwer, und ich hatte den Eindruck, er findet es nicht so toll, wenn ich ihn verfolge, also bin ich wie eine junge Gemse über die Felsspitzen an ihm vorbeigesprungen, nur noch eine Staubwolke hinter mir, und schon war ich locker am Gipfel entschwunden.

Das waren schöne Zeiten ...

Jetzt mit Krücken auf der Asphaltstraße im Regen bei Tempo 1,5 Kilometer die Stunde. Dabei bin ich sogar (mit etwas Schummeln) vor eine paar Tagen Etappensieger in einer Klippenrally geworden. Wir waren zu fünft alle ungefähr gleichzeitig aufgebrochen, hatten uns auf der Stecke immer wieder gegenseitig überholt, wenn jemand eine Pause eingelegt hatte, und waren ziemlich lange so ziemlich Kopf an Kopf. Kurz vor dem Ort machten zwei der Wanderer nochmal am Meer Pause und ich rannte schnell an ihnen vorbei und schaffte es so, ein paar Minuten vor Ihnen hinter dem Ortsschild endlich meine verdiente Zigarette zu rauchen und stolz zu erklären, dass ich erster bin.

Ach, was waren das für schöne Zeiten!!!

Jetzt mit Krücken im Regen auf dem Asphalt.

Ich will zurück zu meinem Zitronenbaum.

Übrigens, das schlimme ist nicht der Regen selbst (außer dass er noch deprimierter macht), sondern, dass alles so rutschig wird und du höllisch aufpassen musst, mit den Krücken nicht abzurutschen und mit dem Gewicht von 15 Kg am Rücken dir das Knie nochmal und stärker zu verdrehen. Alles in allem also eine völlig riskante und unvernünftige Aktion, ich reduzierte mein Tempo immerhin abwärts auf 1,2 Kilometer pro Stunde.

Trotzdem habe ich mein Ziel auf drei Kilometer nicht erreicht - das blöde ist nämlich, wenn du auf Krücken gehst, entlastest du zwar das eine Bein, belastest dafür das andere aber umso stärker, da es alles ausgleichen muss, und nach sechs Stunden hat mir der rechte Knöchel (der am Anfang der Reise ja schon mal kaputt war), so weh getan, dass ich gar nicht mehr auftreten konnte (weder rechts noch links) und das machen musste, was ein echter Weitwanderwegwanderer eigentlich nur im allerhöchsten Notfall macht, und was absolut nochmal zehn Mal mehr erniedrigend ist als eh schon die Krücken - nämlich ich habe ein Taxi die letzten drei Kilometer bis zum Ziel genommen (was auf der Straße möglich ist, in den Bergen hast du natürlich verloren).

Immerhin, am nächsten Tag habe ich die drei Kilometer nachgeholt, soviel Würde muss sein.

Erstaunlicherweise bin ich durch Zufall in der schönsten Pension des Ortes gelandet, große, billige Zimmer mit 4 Meter hohen Decken und wunderschönen Holzfenstern, die älteste Pension im Ort mit hohen langen gekachelten Gängen, eine Mischung aus Kolonialstilhotel und psychiatrischem Sanatorium, mit einer kleinen englischen Bücherwand. Ich mit meinen Krücken und meinem tief deprimierten Blick hätte als Bewohner nicht besser passen können und so blieb ich den nächsten Tag im Bett und las einen englischen Psychothriller.

Was jetzt tun?

Ich möchte wieder gehen können und ich möchte vorankommen. Aber wie? Wenn ich ein paar Stunden am Tag langsam mit Stöcken auf der Landstraße trainiere (nicht mit Krücken, denn von denen wird nichts besser) - immer um den Ort herum, solange es nicht weh tut, wenn ich also Pausen mache und dann wieder neu trainiere? Ganz vorsichtig?

Es ist auch ein Spiel mit der Angst: Wenn du Angst vor deinem Knie und den Stromstößen da drin hast, dann verkrampfst du, und bewegst dich komisch, und es wird nicht besser - also ganz langsam, runde, gesunde Bewegungen - ein Geduldsspiel, das Durchhaltevermögen und Sturheit (siehe oben) erfordert.

Und das Knie wurde etwas besser.

Übrigens - hier hilft Mobilat besser als Arnika und kühlen hilft überhaupt nicht.

Am dritten Tag mit Rucksack und Stöcken auf zum nächsten Etappenziel, wieder über die Straße, ganz langsam, Schritt für Schritt, volle Konzentration. Belasten, aber gerade, abrollen, aber langsam. In den Kurven auf der Straße immer die Außenkurve nehmen, die ist etwas weniger steil und die Innenkurve ist meist seitlich abschüssig, bei dem Wechsel der Straßenseite gut aufpassen, dass weit und breit kein Auto zu hören ist, weil die passen nicht auf.

Ich habe übrigens inzwischen einige Schildkröten gesehen, die Asphaltstraßen überquert haben, die machen das genauso zielstrebig und konzentriert wie ich, die wissen schon Bescheid. Toll! Die wissen auch ihren Weg - wenn auf der anderen Straßenseite ein Zaun ist, an dem sie nicht vorbeikommen, kriechen sie seitlich weiter, bis der Zaun zu Ende ist und dann wieder weiter in der ursprünglichen Richtung zum Meer! Beneidenswert, so eine Eigenschaft, zu wissen, wohin man will.

Nur mal am Rande erwähnt die Türken und die Autos: 5000 Jahre lang hatten die Bewohner dieses schönen aber wegen den „Küstenhügeln" doch eher unwegsamen Landstriches nur ganz wenige Straßen und Brücken, jetzt gibt es welche, und wenn du einem türkischen Pensionsbesitzer oder auch nur Gemischtwarenhändler erklären willst, dass du zu Fuß über einen Ziegenpfad in den nächsten Ort gehen willst, schaut er dich an, als wärst du ein bedauerlicher Aladin mit der Wunderlampe, der tragischerweise die Zeitenwende verpasst hat: Es gibt doch jetzt eine richtige Straße, und seit neuestem auch regelmäßig Busse, das wäre doch viel einfacher, und ob ich das denn nicht wüsste? Im Zweifelsfall bieten dir die Freundlicheren unter ihnen eine Mitfahrt auf ihrem Moped an, auch wenn du das noch so sehr ablehnst ...

Ehrlich gesagt, habe ich viele Antworten probiert, die alle nicht überzeugen konnten, seit neuestem sag ich immer, „ich wandere für meine Seele", und die Leute schauen mich dann zwar an, als wär ich ein äußerst seltener Nachkomme einer ausgestorbenen äthiopischen Rothirschart, aber sie lassen mich dann wenigstens in Ruhe.

Was nicht heißt, dass sie als stolze Autofahrer deswegen Rücksicht nehmen würden. Genau sieben Zentimeter Abstand zwischen dem 50 km/h schnellen Auto und meinem Rucksack katapultiert mich schon allein wegen dem Fahrtwind in den Straßengraben, der Schock, der einem dann in den Knochen sitzt, erledigt den Rest. Dabei ist die Straße eigentlich immer breit genug, um wenigstens einen kleinen Bogen zu fahren. Aber niemand tut es – und das macht einen auf einem Marsch acht Stunden lang auf der Straße einfach komplett wütend!!!

Und die Idee, hier eine generelle Vorschrift wie in Deutschland einzuführen, dass Verkehrswege bei nicht gegenteiliger Beschriftung von allen benutzt werden dürfen und der stärkere Verkehrsteilnehmer bei Kollisionen immer mindestens eine Mitschuld hat, würde bei einer türkischen Volksabstimmung wahrscheinlich weniger als 0,0001 Prozent Zustimmung bekommen.

Genug geschimpft, bei einer Rinder- oder Ziegenherde kapituliert auch der hartnäckigste Raser, er hat nämlich simpel Angst um sein Auto, denn so eine ausgewachsene Kuh oder ein stattlicher Ziegenbock lässt sich von Motorheulen und Rumgehupe nur bedingt beeindrucken ...

Außerdem habe ich auch schon viele Türken gesehen, die wegen einer Schildkröte angehalten haben und vorsichtig einen besonders großen Bogen um sie rum gefahren sind (so schnell kommt die kleine Kröte dann nämlich doch nicht über die Straße) ...

Aber obwohl ich eigentlich wie eine Schildkröte mein Haus auf dem Rücken habe und mich manchmal auch ähnlich bewege, nehmen sie auf mich nicht so viel Rücksicht – ich hätte ja – denken die Leute wohl - im Gegensatz zur Schildkröte – den Bus nehmen können.

Aber immerhin: An diesem Tag habe ich meine Etappe geschafft und bin stolz in das antike Olympos einmarschiert.

14. Olympos

In Olympos Ratz-Fatz einen Bungalow besetzt, ein kurzes Efes-Pils gegluckert und dann nochmal durch die Ruinen, die diesmal wirklich schön sind. Man kann noch viel erkennen oder sich vorstellen, ich saß auf einer Mauer am Fluss und habe auf die Gegenüberseite geschaut, ein paar Brückenpfeiler waren noch zu sehen und gaben eine Vorstellung. Drüben ist eine Frau in einem feuerroten Kleid sehr elegant über die alte Flussmauer balanciert, und ein bisschen habe ich ein Bild von früher bekommen. Für einen kurzen Moment hatte ich den Eindruck, es wäre vor 2500 Jahren und nach Tagen Marsch durch die raue heute türkische Küstenlandschaft komme ich nach Olympos und sehe so eine Frau im feuerroten Kleid am anderen Flussufer stolzieren. Das hat wohl schon Eindruck gemacht, zwischen all den Schildkröten und Schmetterlingen, die man sonst so sieht. Übrigens, das Rot damals kam von Schnecken aus der Purpurbucht, in der ich vor ein paar Wochen auch schon war.

Naja, dafür hat mein Bungalow in Olympos bis drei Uhr morgens unter brachiallauter Technomusik gebebt, auch Techno-Fans mögen Ruinen, weswegen es hier sehr viele von ihnen (den Techno-Fans, nicht nur den Ruinen), gibt.

Am Morgen über den Strand nach Cıreli. Nicht weit, aber 15 Kg am Rücken über Steine und Sand - eine Aufgabe für die Knie, die sie nur ganz langsam lernen können. Komische Deutsch-Touristen in Liegestühlen, die spotten:
"Schau mal, der hat was an seinen Füßen!"
"Kuck doch mal, der hat 'ne Klampfe mit!"
Das ist eine Gitarre auf meinem Rücken und keine „Klampfe" und ansonsten kann mich das alles nicht treffen. Aber dass die alle denken, ich versteh sie nicht???

Eingecheckt in eine Pension bin ich erst im zweiten Versuch. In der ersten Pension überfiel mich nämlich der Papagei einer überambitionierten Besitzerin, wegen der übrigens schon, was sie mir natürlich als erstes zeigte, im GEO-Magazin in einem halbseitigem Artikel aufgrund ihrer nachrichtentechnisch unglaublich relevanten Wunderlichkeit berichtet worden war. Auf jeden Fall hat mich ihr Papagei, nachdem ich einen von der Pensionsbesitzerin erzwungen Song gegen meinen Willen zum Besten gegeben hatte, so unbeschreiblich widerlich nachgeäfft - was die Besitzerin natürlich Klasse fand - dass ich sofort wieder mein Zeug packen und weiter Richtung Ortsrand flüchten musste.

In einer zweiten Pension, die ruhig und nett war, dann ein neues Problem: Bei der nächsten Etappe kann man nicht auf die Straße ausweichen, das wäre 10 km landeinwärts, dann 20 km Küstenautobahn, dann wieder 5 km in den Ort, geht unmöglich ...

Die Originalstrecke 22 km am Stück ohne Möglichkeit abzubrechen oder zurückzukommen, über Felsen und

Klippen am Meer entlang, später ein inzwischen unbefahrbarer Traktorweg ...

Also testen - jeden Tag neu laufen lernen, ausprobieren, was geht, was nicht. Einstieg, erst mal hundert Höhenmeter über Felsen hoch, das ging erstaunlich gut, sicherheitshalber bin ich am Anfang noch einmal ein paar Meter abwärts geklettert, ob ich jemals die Chance habe, wieder zurückzukommen. Schildkröten haben mich wieder überholt, aber irgendwie geht's.

Also drei Kilometer vor, drei Kilometer zurück, die Angst, sich wieder zu verletzten, vor allem am Knie, läuft mit.

Und trotzdem hatte ich auch hier wieder eine Begegnung der dritten Art: Ich wackle mit meinen Stöcken in Zeitlupe durch die Felsen, da kommt SIE mir entgegen, beziehungsweise springt mir entgegen, eine superjunge superschlanke Russin mit Modellfigur im superknappen marineblauen Badeanzug mit oberkrassem vierzentimeterlangem Tutù-Ansatz (Ok, wir sind hier in der muslimischen Türkei, aber was interessiert das eine junge Russin ... andere tragen einen Ganzkörperbadeanzug inklusiv Verschleierung, was übrigens auch lustig aussieht), und dabei hatte sie an den supergeformten superlangen nackten Beinen ganz unten Bergschuhe dran und auf dem Rücken einen Rucksack, der das Volumen dieser jungen Frau in etwa das zehnfache übersteigt (und ich verspreche, diesmal übertreib ich wirklich nicht, die Frau war ein Strich in der Landschaft und der Rucksack ein mittelgroßer Planet). In diesem Moment war ich ziemlich sicher, die Menschen stammen von Ameisen ab, und nicht, wie oft behauptet, von Affen! Diese Frau sah eindeutig aus wie ein Rieseninsekt und hatte nicht die geringste Ähnlichkeit mit einem Affen!

Ich wollte fragen, wo's hingeht, hab's auch irgendwie geschafft, nicht immer irgendwie zwischen ihre Beine zu dem dort wirklich supersuperknappen Badeanzug zu schauen, was mir wirklich unglaublich peinlich war, ihr anscheinend überhaupt nicht, weil sie hat mir alles Mögliche von den kommenden wildromantischen Sandbuchten erzählt und sich durchaus gern überall anschauen lassen. Wenn man sich dann bewusst macht, wie unfassbar verschwenderisch die Natur umgehen kann im Verschenken von körperlicher Ästhetik und motorischen Talenten bei manchen Erdbewohnern (und das fällt einem Angesichts der eigenen Gebrechen ja nur immer noch mehr auf), dann muss man eigentlich wirklich entweder verzweifeln oder nur noch lachen!

Mann, war ich froh, als sie dann leichtfüßig wie eine Gazelle auf ihren Steckerlbeinen mit ihrem überirdisch großen Rucksack entschwebt war – so können, glaub ich, nur Russinnen sein (den Russinnen geht hier übrigens, besonders bei männlichen Türken, ein unglaublicher Ruf voraus, so ungefähr wie wenn vor fünfundzwanzig Jahren zwanzig junge Schwedinnen nach Deutschland zum Schüleraustausch gekommen waren).

Ich hab's dann doch wieder vom Klippenhügel runter geschafft, wieder im Ort dann auf der Asphaltstraße wie ein Trottel und mit zitternden Knien zurück zur Pension, Autos haben angehalten und wollten mich mitnehmen, so jämmerlich sah ich aus...

Nächster Tag (gestern) ganz früh raus, den beiden Teenietöchtern des Besitzers, die dann zur Schule mussten, noch ein paar schnulzige Liebeslieder vorgeklampft (auf meiner Gitarre, nicht „Klampfe"!!!), bin dann um acht los, ich wollte bis Mittag bei der Fischfarm sein (nur mit dem Boot zu erreichen), bin also über die Klippen, 12:30 Uhr war ich da, das mit den Knien ging noch, von den 3 Litern Wasser 1,5 schon weg. Dann wieder 400 Höhenmeter nach oben, (was geht), dann wieder auf Meereshöhe (Schneckentempo, die Hölle) und immer läuft die Angst mit...

Vier Uhr, Fünf Uhr, noch eine Bucht, noch mal auf und ab, sieben Uhr, halb acht - kurz vor einem üblem Gewitter erreiche ich Tekirova, schaff es über vier verschiedene Dolmusche und Dolmuschtaxis zurück zur Pension (9 Uhr abends, 11,5 Stunden gelaufen).

Aber ich habe es geschafft!!! 22 Kilometer übers Gelände. Jetzt ist alles Möglich. Heute früh hat mir alles weh getan, außer meinem linken Knie.

Wie's weiter geht, denk ich mir jetzt draußen bei einem kühlen Efes aus.

Knapp eine Woche habe ich noch Zeit - und noch ca. 80 km über Berge - irgendwas wird mir einfallen. Aber ich freu mich inzwischen auf Zuhause.

15. Jung sein

Was mich ein bisschen traurig macht ist, wenn ich manche andere Weitwanderwegwanderer treffe und sie nach ihren Erlebnissen frage, und sie erzählen immer nur, an Tag ‚x' bin ich von ‚a' nach ‚b' (waren immerhin ‚y' Kilometer) in einem Zeitraum von ‚z' Stunden gegangen, von ‚f' nach ‚g' werden ich ‚q' Stunden brauchen und geplant hatte ich eigentlich, von ‚h' bis ‚j' den Weg in ‚w' Tagen zu gehen, was leider wegen ‚t' nicht geklappt hat – wenn sie wenigstens mal einen Umlaut verwendet hätten, zum Beispiel von ‚ö' bis ‚ü' waren es ‚ë' Stunden ‚ÿğï' Tage ... Aber wenn die mal so langweilig mit ihrer Geschichte anfangen, dann hat man keine Chance, mehr über irgendwelche verständlicherweise einerseits unbedeutenden, andererseits aber lebenswichtigen und dabei doch immer wieder völlig einzigartigen Erlebnisse zu erfahren ...

Naja, aber was ich meine, ist, wie beobachtet man? Wenn man zu Fuß unterwegs ist, ist alles langsamer und man schaut genauer, bzw. vielleicht ist es sogar genau umgekehrt, wenn man zwei Stunden denselben öden braunerdigen Weg zwischen den immer gleichen Hartlaubgewächsen entlang gepilgert ist, ist die Straßenüberquerung einer Baby-Schildkröte so weltbewegend wie sonst nur die fünfte Wasserstoffexplosion im

Atomkraftwerk Fukushima, falls jemand weiß, was ich meine.

Ich lese hier übrigens nie Zeitung (obwohl ich mich in Deutschland gewöhnlich immer sehr gut informiere), ersten, weil's in den kleinen Orten hier definitiv keine Zeitung auf Deutsch gibt und zweitens, weil auch inhaltlich das alles viel zu weit weg ist, so dass es mich wirklich gar nicht interessiert.

Aber zum Beispiel die zweitausend Jahre alte römische Brücke zwischen Asağıkuzdere und Göynükyaylası (falls jemand weiß wo das liegt), die logischerweise seit zweitausend Jahren über einen reißenden Gebirgsbach führt und immer noch im Originalzustand und voll funktionsfähig ist – nur Autos dürfen keine mehr drüber fahren – also diese Brücke besteht in ihrem mittlersten Teil genau aus einer Steinreihe, ist da also nur etwa 30 Zentimeter dünn. Rein statisch ist das völlig logisch, was soll man noch Zeugs oben drauf packen, erhöht nur das Gewicht und bringt nichts, aber diese Dünne der Brückenmitte macht dieses Bauwerk so filigran, dass man sich denkt, wie hat dieser arme eingeklemmte Stein in der Mitte, der ja die ganze Brücke hält, die letzten zweitausend Jahre nur überlebt?

Naja, solche Gedanken macht man sich dann, wenn man an einem Tisch mitten im Fluss sitzt (das machen übrigens hier in der Gegend alle so, sie stellen ihre Tische einfach in den Fluss, ich weiß zwar nicht warum, wahrscheinlich hat einer damit angefangen und jetzt machen es alle nach, aber ich find's toll, weil man beim Efes-Pils seine Füße ins kalte Wasser stecken kann), auf jeden Fall, da sitzt man im Fluss und betrachtet die Brücke und macht sich seine Gedanken, die je nach persönlicher Gestimmtheit mehr oder weniger Schönheit beinhalten können – und auf einmal, man ist selbst am meisten erstaunt, schreiben sich diese Texte von selbst und man weiß im Internetcafe gar nicht mehr, wo man überhaupt anfangen soll und nur äußerst brutale Sachzwänge oder der hoch disziplinierte Wander-Zeitplan können einen am Weiterschreiben hindern (naja, hin und wieder hat mich auch die Aussicht auf ein kühles Efes-Pils weggelockt).

Aber wenn ich hier so planlos vor mich hin schreibe, erinnere ich mich seltsamer- und vielleicht auch unpassenderweise an einen ziemlich kleinen Jungen vor sehr langer Zeit in einer zufällig ausgewählten Münchener U-Bahn, der plötzlich sagte: „Schau mal Mama, bei manchen U-Bahnen gehen beide Türen auf einmal auf, und bei anderen nicht, da muss man jede einzeln aufmachen". Die müde Mama meint nur, das ist halt so, und jetzt setz dich wieder hin. Das hat mich damals komplett geschrottet. Da macht der Kleine so eine sensationelle und wichtige Entdeckung und hat sogar noch recht, und die Mutter kann es nicht sehen (allerdings muss ich zugeben, dass ich eine gewisse Affinität zum ÖPVN (öffentlicher Personennahverkehr) habe, um nicht zu sagen, ich bin Fan von allen Versionen von U-Bahnen, Gelenkbussen und Trambahnen und habe gewöhnlich immer eine Lieblingsbauweise, die gar nicht immer die älteste sein muss, außer natürlich bei Dampflokomotiven, wobei ich die schönste auf einem Marktplatz in Thailand gesehen habe – leider ausgemustert – interessanterweise aber original aus Deutschland, denn die Deutschen haben in Thailand vor hundertfünfzig Jahren die Eisenbahn gebaut, falls das jemand nicht weiß – und um dieses Thema dann auch abzuschließen, die schönste Dampflokomotivenabfahrt habe ich bei zehn Grad minus am Münchener Hauptbahnhof gesehen, als der abgelassene Wasserdampf erst die eiskalte Luft in der Haupthalle komplett in eine riesige surreale Wolken-Traumlandschaft verwandelte inklusiv hallenfüllender Dolby-Suround-Beschallung mit Zischen, Pfeifen und Fauchen, um dann seine Kraft dafür zu verwenden, die 12 Meter lange Schnellzugdampflokomotive samt Zug so langsam und würdevoll in Bewegung zu setzen, dass man jedem auch noch so tollem Dieselmotor nur noch Verachtung entgegenbringen kann. Aber das nur am Rande). (An den Lektor, falls es einen geben wird: BITTE DIESE PASSAGE UNBEDINGT STREICHEN, DENN SIE HAT NICHTS MIT DEM REST DER GESCHICHTE ZU TUN UND BETRIFFT NUR MEINE ETWAS SEHR SELTSAME PERSÖNLICHE LEIDENSCHAFT FÜR DEN ÖPNV!!!)

Eine andere, wichtigere Frage wäre, ob man auf so einem Weg tatsächlich jünger wird (wie zumindest manchmal behauptet wird bzw. gewünscht)? Zwei nette Engländerinnen um die 40 meinten, sie fühlen sich wieder wie vierzehn. Ich war gerade am Ende meiner Tagesetappe und ging den letzten halben Kilometer barfuß den Sandstrand entlang, das Meerwasser spülte über meine Knöchel, als ich am menschenleeren Strand ein kleines Klohäuschen sah, an dem seltsamerweise ein Efes-Pils-Schild hing, was mich magnetisch anzog. Tatsächlich war es eine winzige Strandbar, zwei Plastiktische und drei Sonnenliegen, ich wollte mich gerade in Pausenposition begeben, als von einem der Liegestühle die Frage kam: "How was the way?" Ich lachte, sagte

„horrible", worauf die beiden 40-jährigen Damen sich sofort von ihren Liegestühlen erhoben und sich mit ihren Bikinis (und dazu durchaus passenden Figuren) völlig selbstverständlich zu mir an den Tisch setzen und mich mit Fragen überhäuften. Die beiden gingen den Weg in umgekehrte Richtung, und wollten deshalb alles über meine letzten Etappen wissen, ich schimpfte ordentlich auf den Weg (und übertrieb dabei auch etwas), aber sie fanden das erst recht ziemlich super, kicherten und lachten, waren völlig gut gelaunt und aufgedreht. Sie erzählten von den Schwierigkeiten, den Wanderführer von hinten nach vorne zu lesen und den ständigen Perspektivenwechseln an Wegkreuzungen (also, wenn da jetzt steht, man soll nach rechts gehen, müssten wir dann, wenn wir von da kommen, hier lang gehen oder?).

Seit die beiden hier in der Türkei unterwegs sind, fühlen sie sich wieder wie Teenies auf Abenteuerreise, meinten sie, und überzeugender hätten sie das mit ihrem Benehmen mir nicht vermitteln können. Wir lachten zwei Stunden und tranken gemeinsam insgesamt sechs Efes, bis ich genauso gut gelaunt schließlich den restlichen Weg zur Pension antreten musste, es wurde schon dunkel.

Andere macht der Weg aber auch älter und müder, als sie sich beim Aufbruch gefühlt haben. Wenn sie den Weg zum Beispiel körperlich nicht mehr schaffen, oder wenn sie mit falschen Erwartungen gestartet sind. Die Dame aus Dänemark mit Familie in Israel, die ihre Tochter verloren hatte, war zunehmend körperlich und auch seelisch überfordert, die Einsamkeit des Wandern macht sie zunehmend geistig verwirrt, so dass sie schließlich die Reise abbrach und zu ihrer Familie nach Israel flog.

Oder ein deutsches Ehepaar, das sich die Strecke ganz anders vorgestellt hatte und sich in diesem Chaos hier nicht zurechtfand, schließlich enttäuscht über sich und ihre unpassende Planung resignierte und nur noch kurze Tagesausflüge machte. Viele waren ähnliche Wege zuvor auch schon gegangen, und waren jetzt plötzlich überfordert, ihre schönen Erinnerungen an frühere Reisen verbauten ihnen die Möglichkeit, sich auf ein neues Abenteuer einzulassen.

Aber das ist wohl gleichzeitig auch die einzige Möglichkeit, diesen Weg zu bestehen, nämlich sich ganz auf ihn einzulassen, ihn nicht zu bewerten, sondern einfach hinzunehmen und trotzdem die Skurrilität, Besonderheit und Schönheit zu genießen.

Natürlich macht es sicher auch etwas mit einem, wenn man bei täglichen schweißtreibenden Bergüberquerungen an sich belangloser Hügel Kilotonnen Sauerstoff durch seinen Körper pumpt. Die Muskeln werden trotz Schmerzen weicher, der Geist klarer, der Blick offener. Das spür ich schon auch Woche für Woche mehr.

Manchmal fühle ich mich hier auch wie ein Teenie, wenn ich gerade wütend auf den unmöglichen Weg durch Stachelgewächse meinen Rucksack ins Gebüsch geworfen habe und trotzig und bockig auf einem Stein sitze und über mich selbst lachen muss wegen meines kindischen Verhaltens, das den Weg ja nicht besser macht. Oder wenn ich morgens alleine in meinem Zimmer Joni Mitchell singe. Oder wenn ich meine Füße in einen kühlen Bach stecke und mit einem Stöckchen Ameisen ärgere. Dann fühl ich mich unendlich jung. Als hätte es nie ein Erwachsen-Werden gegeben, als wären die letzten 20 Jahre nicht passiert, als stünde ich vor einer großen schönen Welt, die darauf wartet, von mir erobert zu werden.

Ich habe inzwischen viele Zitronenbäume gefunden, unter die ich mich abends setzen kann, mit einem letzten Efes-Pils und einer Zigarette, und denke an Zuhause. Meine Mitbewohnerin (vielen Dank an dich nochmal für die nette Idee) hat mir geschrieben, dass sie mir einen kleinen Zitronenbaum gekauft hat und auf meine Fensterbank gestellt hat, zu klein zwar noch, um sich darunter zu setzen, aber er wird ja hoffentlich bald wachsen.

Was wird sich wohl sonst noch ändern, wenn ich wieder in München bin?

Dabei habe ich gar nichts gegen ein zivilisiertes Leben in einer Großstadt. Auch die Türkei wird immer moderner, auch hier verändert sich alles, und ich finde das gut. In den Bergen am Mittelmeer um mich herum werden überall Straßen gebaut, große, rotbraune Wunden in die Felsen gesprengt, riesige Narben schlängeln sich durch das ansonsten unberührte Wachsgrün der zahlreichen Hügel, um den Kindern in den Bergdörfern zu ermöglichen, mit dem Schulbus in eine neue, bessere Zukunft zu fahren. Die jungen Leute arbeiten in den Hafenstädten in der Tourismusbranche, lernen Englisch und die kapitalistischen Grundregeln, ohne allerdings dabei ihre mediterrane Lässigkeit und Ruhe zu verlieren, die in München nur in den Sommermonaten die Innenstadt in ein großes Feriendorf verwandelt.

Immerhin, jetzt habe ich auch in München einen Zitronenbaum.

Aber vielleicht ist es auch so: Wenn man etwas erzählen will, muss man etwas erlebt haben, und wenn man etwas erleben will, muss man sich auf etwas einlassen, und wenn man Angst hat, lässt man sich auf nichts ein, erlebt also nichts, hat also nichts zu erzählen.

Also ist so eine Reise nicht auch immer eine Mutprobe, ein Krieg gegen die eigene Angst, ein Spiel mit den Grenzen, das man am Ende gewinnen will? Wann geht man zu weit?

16. Nochmal über den Berg

Nachdem auch heute mein Knie gehalten hat, habe ich absolut alles aus meinem Rucksack geworfen (inklusive aller Hygieneartikel, ich werde also stinken, wenn ich heimkomme) jetzt nochmal in drei Tagen von Null auf 1500 Höhenmeter und wieder auf null zurück (was schlimmer ist) - ein lebensgefährliches Experiment - und entweder ich sterbe morgen, oder übermorgen, oder überübermorgen, aber wenn ich die drei bis vier Tage überlebe, dann gibt es wenig Hoffnung, dass ich nicht nach München zurückkehre - und das wäre nach einer durchgemachten Nacht am Flughafen so etwa um 10.00 Uhr früh am Sonntag in der Goethestraße, lieben Gruß an meine Mitbewohnerin, vielleicht können wir dann feiern und abends was Schönes kochen (also kauf bitte mal ein!).

Aber es wird eine harte Sache, diese letzten 80 Kilometer über die Berge. Dabei kam gleich am Anfang meine Lieblingsstelle in dem "Wanderführer" vor, nämlich: "Gehen sie nach links steil hoch zur sechsspurigen, vielbefahrenen Küstenautobahn, die es zu überqueren gilt. Klettern Sie daher irgendwie über die Mittelleitplanke (!?!) und gehen Sie auf der gegenüberliegenden Straßenseite für etwa 150 m nach rechts!" (Zitat Ende, übrigens zum Nachlesen: In meiner Ausgabe des Outdoor-Wanderführers auf Seite 167 Mitte). Abgesehen davon, dass ich bereits ausreichend über die beiden Wanderführer (den englischen und den deutschen, es gibt zwei) hergezogen bin - meine zweite Lieblingsstelle ist übrigens "Sie erreichen ein Haus mit einem wackeligen Balkon" - dieses Haus habe ich leider nie gefunden - also abgesehen von meinem respektlosen und unehrenhaften Spott über die Wanderführer war es tatsächlich gar nicht so einfach, all die Schwertransport-sattelschlepper und Lichtgeschwindigkeit fahrenden Reisebusse „irgendwie" aufzuhalten, um meinen Rucksack und dann mich über die Mittelleitplanke zu befördern, um auf der anderen Seite das gleiche Spiel wieder zu beginnen. Ich lebe noch, was mancher Autofahrer, der mich wohl sowieso für einen Selbstmörder hielt, sicherlich seinen Kindern anders erzählen wird.

Ansonsten ging es jetzt wieder mit Sack und Pack fröhlich auf und ab ("Schlagen sie sich links seitlich durch die Büsche!"), ich habe nochmal auf über 1000 Höhenmetern übernachtet - für mein schönes Gesinge, das mir nicht erspart blieb, bekam ich ein Bier extra. Ich habe mich am nächsten Tag zwischen Springspinnen und Hundertfüßern wieder mal komplett verlaufen (wie alle vor und nach mir auch) - übrigens auch die zwei schwulen Belgier, von denen der eine alle Texte meiner Lagerfeuersong auswendig kannte und ständig fast Wasser in den Augen hatte - ich habe die beiden später nochmal in Antalya getroffen, und da haben wir dann gemeinsam bei einem Efes-Pils über die Strecke geschimpft, was sehr wohltuend war.

Als ich nach neun Stunden endlich in dem schönen Ort Göynük Yalya war, stellte ich fest, dass es diesen Ort überhaupt gar nicht gibt, was mir alle Befragten später dann auch bestätigten, so brachte mich nach einem verzweifeltem Anruf eines Bergbauernjugendlichen von dessen Handy (meins geht immer noch nicht) der nette Hoteljeep zurück an den Ausgangspunkt, wo es immerhin ein Bett gab.

Eigentlich ist es sehr schön (und auch absolut poetisch), morgens aufzustehen, kurzer Nescafé, dann seine Sachen packen und loszuziehen - inzwischen hat jede meiner Habseligkeiten in meinem Rucksack seinen festen Platz, und obwohl ich mich im Alltag gewöhnlich gegen jede Art von Regeln sträube, halte ich mich erstaunlicherweise peinlich genau daran. Irgendwie ist so ein Rucksack ja tatsächlich wie eine Art Wohnung, jedes Fach repräsentiert ein anderes Zimmer, ein Fach ist das Badezimmer mit Erste-Hilfe-Paket und Waschbeutel, dann gibt es das Schlafzimmer mit Schlafsack und Unterwäsche, der Hausflur ganz oben mit Zigaretten, Geld, Pass und Reiseführer und seitlich rechts und links in den Taschen mit den Getränken ist die Getränkeküche.

Also noch ein paar Morgensongs singen, dann mit Rucksack den Ort verlassen und wissen, dass man am nächsten Abend woanders sein wird. Ich könnte mich daran gewöhnen, Traveller zu sein - in meinem früheren Leben war ich sicher mal fahrender Musikant, von einem Ort zum anderen, ein paar Songs auf meiner Mandoline, etwas zu Essen dafür und eine Bett im Stroh – Geschichten von Ort zu Ort bringen und erzählen - ein bisschen vor sich hin träumen unter einem Zitronenbaum und hin und wieder ein hübsches Mädchen ...

Ein schöner Lebensentwurf ...

Übrigens ist der Rucksack gar nicht mehr schwer nach viereinhalb Wochen. Ich habe wie erwähnt zwar auch noch die letzten Hygieneartikel und sogar meine alten Asics-Turnschuhe weggeworfen, aber es bleibt trotzdem inklusive Gitarre bei 10 Kilo plus 3 Liter Wasser. Aber mit seinem exorbitant bequemen Tragesystem gibt mir der Rucksack sogar irgendwie Sicherheit, so von hinten gehalten zu werden, als würde er mich tragen und nicht ich ihn - außerdem übrigens, wenn man ihn täglich acht bis zehn Stunden trägt und sich abends vor kompletter Erschöpfung kaum mehr bewegt, ist das Rucksacktragen sozusagen zum natürlichen Zustand geworden, ohne ihn fühlt man sich plötzlich irgendwie nackt.

Morgens also per Jeep wieder zurück an den Endpunkt des Vortages, und glücklicherweise fand der Jeep den Mini-Pfad (laut Wanderführer steht dort auf einem Fels mit roter Farbe hin gepinselt: „Hier Mezarlikdibi" - was auch immer das heißen mag), und ich war sicher, hier ist nichts und ich muss zurückfahren, als ich tatsächlich neben mir auf einem Felsen völlig unerwarteterweise genau diese Inschrift entdeckte. Ein paar Meter daneben noch eine rot-weiße Markierung des lykischen Wegs, und ich bin meinem Fahrer um den Hals gefallen, der nichts verstand und völlig irritiert beim Jeep-Wenden noch fast selbst noch in die unvorstellbar abschüssige Schlucht gefallen wäre.

Erst mal glücklich über die unverhoffte Wegfindung zwei Kilometer den jetzt unbefahrbaren, ziemlich verschlissenen und vom Winterwasser ausgespülten Ziehweg entlang gewandert, aber dann musste ich doch noch quasi senkrecht abwärts in genau diese oben erwähnte Schlucht klettern, und ich habe mit meinen

Füßen und Knien geredet, sie noch ein bisschen eingesalbt und ihnen gesagt, Leute, wir müssen da jetzt gemeinsam durch, also bitte!, verhaltet euch anständig und tut nur dann weh, wenn's gar nicht mehr geht!

Meine Füße und Knie haben das wohl mehr oder weniger verstanden und sich in ihren Beschwerden zurückgehalten, und so sind wir schließlich in den Flusscanon geklettert (in dem man je nach Wasserstand nasse Füße bekommt, hieß es im Wanderführer, was weit untertrieben war). Ich kam mir vor wie Winnetou, der mit seiner Silberbüchse in den Rocky Mountains auf Bärensuche ist und bin in dieser unglaublichen unberührten Schlucht (in der, wenn jetzt Hochwasser kommt, nicht einmal ein Atom von mir übrigbleiben würde – immerhin hat das Wasser ja auch diesen Felsenberg sozusagen mit einem Laserschwert in den letzten Millionen Jahren hunderte Meter tief durchgeschnitten), also in dieser unglaublichen Schlucht fast eine Stunde lang wie ein Pfadfinder ständig auf der Suche nach Querungsmöglichkeiten über völlig skurril aussehende Riesenfelsen endlich glücklich am Ausstieg angekommen (hier unten in der Schlucht gibt es übrigens weder Schildkröten noch Zitronenbäume, die wissen schon warum!!!).

Aber dann wieder aufwärts und im plötzlich tiefsten Nebel über einen 800ter „Hügel", auf dem man ständig den Eindruck hat, man läuft im Kreis, weil weder Sonne noch andere Berggipfel auch nur einen Ansatz von Orientierung geben können - und kurz vor Dunkelheit schließlich alle Höhenmeter wieder runter.

Vorbei an einer schönen Hängebrücke in der Abendsonne (die nur da war, um schön zu sein und nicht um von mir benutzt zu werden - ich musste durch den Fluss waten) kam ich schließlich in den lang ersehnten Zielort, wo mir ein Orangensaftpresser und dann -verkäufer auf meine Frage nach einer Pension das unmöglich abzulehnende Angebot machte, für einen günstigen Preis in seiner Waschküche zu übernachten - dabei auch gleich meine Wäsche zu waschen war Bestandteil des Angebots, was eine meiner Meinung nach bestechende Logik hatte. Normalerweise gibt es Zimmer mit Frühstück, vielleicht auch mit Abendessen, warum dann nicht ein Bett in der Waschküche mit Wäschewaschen. Frühstück und besonders Abendessen im Hostel ist mir eigentlich immer gar nicht so recht, da bin ich eigen, ich gehe abends lieber in eine kleine Bar oder einen Imbiss, ich kann mir Zeit und Ort aussuchen, und diesen Luxus an Freiheit genieße ich hier auf der Reise immer mehr.

Das Angebot mit dem Wäschewaschen habe ich schließlich dann doch abgelehnt, ich hatte nur noch eine Hose und die wollte ich am Abend zum Essen anhaben (und in drei Tagen flieg ich sowieso heim) - geschlafen habe ich in der Waschküche übrigens super.

Es war, nebenbei bemerkt, einer meiner schönsten Wandertage, den ich auf meinem Weg erlebt habe.

17. Das Glück ist aufgebraucht

Den letzten Berg musste ich schweren Herzens leider auslassen, Zeit hätte ich gehabt, aber es war mir als sogenannter Solowanderer und bei diesem Wetter mit noch nicht ganz verheiltem Knie einfach zu gefährlich. Es hatte die ganze Nacht geregnet und die Wolken hatten sich noch nicht verzogen, und ich hätte von Meereshöhe auf 1500 Meter hinaufklettern müssen, spätestens ab 700 Meter in Regen und dichtem Nebel, auf der anderen Seite wieder runter auf 800 Meter, die ganze Strecke weder Straße noch Zivilisation und keine Chance auf Rettung.

Ich habe mir gedacht, bis jetzt habe ich immer Glück gehabt, aber irgendwann ist dein Glück auch mal aufgebraucht und man muss ja das Schicksal nicht bis zur letzten Grenze strapazieren. Außerdem habe ich so einen Grund, vielleicht irgendwann mal zurückzukommen und diese letzte Etappe doch noch zu gehen.

Übrigens nur am Rande: Auf dem englischen Wanderführer steht auf dem Umschlag groß: „ONE OF THE UNFORGETTABLE WALKS TO TAKE BEFORE YOU DIE", und ich möchte hier auf das Wort „BEFORE" hinweisen. Wie gefährlich dieser Trip wirklich ist, darüber habe ich mir inzwischen ausreichend Gedanken gemacht. Klar ist, eine Bergrettung wie in Deutschland gibt es in der Türkei nicht. Verläufst du dich (was oft vorkommt) und verletzt du dich (was immer vorkommen kann), und bist du außerdem mindestens einen halben Tagesmarsch von der nächsten Straße oder Ortschaft oder auch nur Traktorweg entfernt (was immer wieder vorkommt), kann dich nur noch ein Handy (wenn du nicht gerade im Funkloch bist und dein Handy funktioniert - was meins übrigens nicht tut) und ein Hubschrauber - bzw. ein Boot, wenn du in der Nähe des Meeres bist, retten, ansonsten kannst du schreien und weinen und dann langsam sterben.

Und niemand wird nach dir suchen.

Ein Hostel-Besitzer hat mir erzählt, dass die türkische Polizei fünf Tage gebraucht hat, um einen 50-jährigen übergewichtigen Nordeuropäer zu finden, der bei 45 Grad Hitze von einem Hotel in Ovacik aus alleine den lykischen Weg in die Berge gegangen war, seine Kräfte überschätzt hatte und dort an einem Herzinfarkt gestorben war. Und das, obwohl der Hotelbesitzer über den Ausflug seines Gastes informiert war und dieser nur zwei Stunden zu Fuß entfernt von der gar nicht mal kleinen Touristenstadt Ovacik herumlag. Alle lokalen Zeitungen berichteten davon.

Wer weiß, dass ein landesüblicher Polizist oder Gendarm sein Auto (das ja nur auf der Straße fahren kann) nie mehr als zwei Meter verlässt und dass die türkische Bevölkerung zu 99,9 Prozent niemals einen Ziegenpfad in den Bergen betreten wird (außer, jemand ist eben dort geboren), den wundert das auch nicht weiter.

Insofern haben sich auch eine ganze Reihe andere Solowanderer, die ich auf dem Weg getroffen habe, entschieden, bestimmte Strecken nicht alleine zu gehen. Ich befinde mich also in der Entscheidung, die letzte schwierige Etappe nicht gehen zu wollen, in professioneller Gesellschaft.

Denn irgendwann ist dein Glück aufgebraucht.

Aber dass ich ansonsten die ganze Strecke alleine gewandert bin, war zwar eigentlich erst mal Zufall, hat sich dann als absolut super herausgestellt. Alleine Wandern ist einfach wunderbar, man muss sich nicht die ganze Zeit anhören, wie schön das alles doch ist bzw. wie anstrengend usw., sondern kann alles einfach so stehen lassen, wie es ist. Da ist mir übrigens auch etwas sehr skurriles passiert - als ich mal wieder durch brusthohe Sträucher stolperte, stand hinter mir ein Hüne aus Geltendorf, einem Kaff in der Nähe von München, und nach kurzer Begrüßung referierte er eine Stunde lang über die Grundwasserprobleme beim Bau von U-Bahnen im Münchner Untergrund, den Einbau von Schleusenrohren aus Edelstahl (Zink erodiert zu schnell), 300 und 500 Millimeterbohrern und vieles mehr, was mich eigentlich brennend interessiert - nein wirklich, ich kann mich für solche Themen tatsächlich begeistern – wie beschrieben bin ich Fan vom Münchener ÖPNV - aber in Anbetracht der Stachelgewächse um mich herum, den noch zu leistenden 400 Höhenmetern und den immer wieder in der Ferne kläffenden Hunden war ich wie in einem Film mit falschem Soundtrack (übrigens, für die, dies schon vergessen haben: ÖPNV ist die Abkürzung für öffentlicher Personennahverkehr, in München die MVG).

Schlimmer als die Tiefwasseruntergrundbahngrundwasserweiterleitungsbauvorlesung war allerdings noch, als ich in Karaöz war und gerade wegen meinem Knie nur noch auf Krücken humpeln konnte, tief depressiv endlich die Veranda der kleinen Pension erreichte und vier deutsche Aktivrentner schwer engagiert über die exorbitanten Verbesserungen der Behindertengerechtigkeit des Leipziger Nahverkehrs diskutierten - es war sicher keine böse Absicht, aber ich kam mir trotzdem wieder völlig wie ein Idiot vor, während ich so schnell und würdevoll wie möglich versuchte, die Treppen zu meinen Zimmer knieschonend und krückenbenutzend hochzuklettern.

Da ist es doch viel besser, alleine zu wandern und diese Themen einfach ausklammern zu können.

Mein fotografisches Gedächtnis scannte also noch ein letztes Mal eine rot-weiße Markierung des Wanderweges, dann machte ich schweren Herzens kehrt und schlenderte mit meinem Rucksack und meiner Gitarre zur Bushaltestelle, um die letzten Kilometer nach Antalya stehend in einem überfüllten Einheimischendolmusch zu verbringen.

18. Antalya

Die letzten beiden Tage in Antalya vor meinem Rückflug waren nochmal wild und anstrengend - und obwohl ich eigentlich ein eingefleischter Großstädter bin, war ich nach fünf Wochen Natur, kleinen Dörfern und Hafenstädtchen etwas überfordert - all die Menschen, Autos, Busse und glitzernden Geschäfte, die Touristenguides und modernen Hochhäuser, das beschleunigte Tempo und das Ruhelose haben mich dann doch etwas aus meiner zuletzt etwas verträumten Stimmung jäh aufgeweckt. Mir ging es ein bisschen so wie dem alten Indianer, der von einem Farmer im Auto mitgenommen wird, dann aber zwei Tage auf seine Seele warten muss, weil die ist immer noch zu Fuß unterwegs.

Trotzdem war es auch munter und lustig, ich habe die schwulen Belgier wieder getroffen, den Hünen aus Geltendorf, der dann im selben Flugzeug zurückgeflogen ist wie ich und habe nochmal erstaunlich viele Türken kennengelernt, die mir wirklich alles über ihr Leben erzählen wollten.

Aber erst mal war ich müde und bin in meiner neu eroberten Pension (inzwischen die zweiundzwanzigste) ins Bett gefalle und habe den Nachmittag verschlafen. In einer Woche hundert Kilometer, in zwei Wochen zweihundert Kilometer oder in fünf Wochen fünfhundert

Kilometer zu laufen, macht halt doch einen kleinen Unterschied ...

Am Abend bin ich dann auf der Suche nach weiteren Skurrilitäten noch mit der historischen Nürnberger Straßenbahn (hat Nürnberg Anatalya vor vielen hundert Jahren mal geschenkt), am Meer entlang bis zur Endstation und zurück gefahren - und musste zwei Mal zahlen (hin und zurück), weil der türkische Schaffner nicht begriffen hat, dass ich mit ebenso einer Straßenbahn vor hundert Jahren in München als kleines Kind in die Schule gefahren bin, jedes (von den Türken übrigens liebevoll in Stand gehaltene) Detail in der Ausstattung kenne und die deutschen Wörter „Fahren" und „Bremsen" an seinen uralten Hebeln in perfektestem Süddeutsch aussprechen kann. Übrigens habe ich später an einem Hinweisschild in der Tram auf Englisch gelesen, dass man an jedem Wendepunkt der nicht sehr langen Tramstrecke neu zahlen muss, man für eine Rundreise über zwei Endstationen also insgesamt drei Tickets kaufen muss, auch wenn man am Ende wieder da ist, wo man hergekommen und nicht ausgestiegen ist - vielleicht wäre eine Tageskarte ein Lösung gewesen? - immerhin zeigt es, dass diese Tram nicht nur eine Touristenattraktion ist, sondern auch zur ganz normalen Personenbeförderung der Einheimischen vorgesehen ist.

Erfreulicherweise hat aber dann der türkische „Schaffner" (der diese Bezeichnung für sich selbst mit Sicherheit nicht kennt), mir mit Händen und Füßen zu verstehen gegeben, dass es insgesamt drei dieser Trams mit Anhänger und Holzmobiliar noch existieren, zwei fahren hin und her, die dritte steht im Depot. Wer will da noch ins Museum der Münchener Verkehrsgesellschaften, wenn dieselben Trams hier noch wirklich fahren?

Obwohl ich auf der Reise äußerst selten später als sieben Uhr früh aufgestanden bin, habe ich am nächsten Tag fast bis zehn Uhr geschlafen (und auch wenn es keine penetranten Vollpfosten-Gockel in Antalya gibt, bin ich ab sechs Uhr stündlich aufgewacht, habe mich aber umgedreht und weitergeschlafen). Um elf nach einem kleinen Frühstück bin ich dann in die türkische Sauna (was eher öde war und deshalb nicht besonders erzählenswert und genau aus diesem Grund hier ausgelassen wird), landete schließlich in einer kleinen Gasse, die komplett mit bunten handelsüblichen Regenschirmen überdacht war, um so als Touristenattraktion per Stadtratsbeschluss die geschäftsschädigende Baustelle des letzten Jahres finanziell auszugleichen - was übrigens funktionierte. Menschen aus aller Welt (besonders Chinesen) ließen sich vor dieser Kulisse fotografieren, um die geschossenen Beweisfotos später in ihren sozialen Netzwerken zu veröffentlichen.

Immerhin kam auch ein sehr hagerer, alter Türke mit einer Personenwage vorbei, mit der Aufschrift, für eine Lira könne man sich persönlich wiegen (wobei ich im Normalfall eher etwas gezahlt hätte, um das nicht tun zu müssen), aber in diesem Fall nahm ich das Angebot an, zweiundsiebzig Kilo ohne Schuhe, mit wandererprobter inzwischen etwas zerschlissener Kleidung, das hat mich weder beruhigt noch verunsichert, es waren vielleicht doch ausreichend viele getrunkene Efes-Pils auf dem Weg.

Irgendwo gab es dann noch eine größere Demonstration mit türkischer Marschmusik, wobei ich nicht herausfinden konnte, wofür oder wogegen. Ein paar junge Leute im superkleinen Mini-Supermarkt sprachen mich auf perfektem Deutsch an und kannten die Goethestraße in München, in der ich wohne und in der ungefähr sechszehn türkische Supermärkte sich beheimaten, die wiederum alle insgesamt nur drei türkischen Patriarchen gehören - immerhin hatte sich das wohl auch bis in die Türkei herumgesprochen.

Ich sitz wieder mal im Café am Meer und denke nach. Übrigens habe ich diesen Weg nie als unlösbare Aufgabe gesehen. Man fängt irgendwo an, dann muss man 500 Kilometer wandern, hat aber Zeit und dann hoffentlich auch meistens genug Geld, klar, es ist anstrengend und man muss ein gewisses Maß an Mut und Nervenstärke mitbringen und man darf auch nicht zu früh aufgeben. Aber wie gesagt, hier ist das alles lösbar. Du musst weitergehen, dich in einem Mindestmaß organisieren, dir ein bisschen einen Plan machen – das alles geht. Ehrlich gesagt finde ich, es sind einfache Aufgaben. Jemand klaut dein Gepäck, naja, dann findest du es entweder wieder, oder du kaufst dir neues. Es gibt immer Möglichkeiten. Hier!

Das glaubt mir natürlich niemand, der das hier liest, aber zu Hause in Deutschland bin ich nur von völlig unlösbaren Problemen umgeben, zum Beispiel eine Frau zu finden, die ich liebe, bei der ich bleiben will und die möglicherweise auch bei mir bleiben will. Oder als Musiker oder Autor Erfolg zu haben, dass jemand vielleicht mal versteht, was ich überhaupt meine. Das sind unlösbare Aufgaben. Zumindest für mich. Dagegen ist so eine Wanderung ein Klacks!

Ja, wird jemand einwenden, aber die Probleme mit deinen Füßen und Knien, ist das nicht existenziell? Schon, ja, würde ich ihm recht geben, aber mit meinen Füßen und Knien kann ich reden, ich kann sagen, OK, ich versteh euch ja und will euch ja auch helfen, dass alles nicht so schlimm wird, ihr kriegt Salbe und kaltes Wasser, aber ihr müsst mir auch helfen und jetzt für mich diesen Berg raufklettern. Sie haben sich zwar immer wieder beschwert, stimmt auch, aber sie haben's schlussendlich dann doch getan, sonst wäre ich jetzt nicht hier in Anatlya.

Aber das ist genau das Problem, mit meinen Füßen und Knien kann ich reden, aber mit Frauen, Managern und Verlagsangestellten kann ich nicht reden, es endet immer in Katastrophen und beide Seiten fühlen sich unverstanden.

Dagegen waren die 500 Kilometer entlang der Küste zu wandern geradezu ein Angebot, endlich einmal erfolgreich zu sein, wenn ihr wisst, was ich meine.

So gesehen war der Weg leicht.

Das einzige Mal, als ich wirklich Angst hatte, war tatsächlich kurz vor der Reise, ich hatte mich schon entschlossen zu fahren und auch den Flug gebucht, aber irgendwie habe ich beim Durchsehen meiner Unterlagen festgestellt, dass ich doch nur vier Wochen Pause vom Unterrichten habe (und keine fünf), ich in dieser Zeit also unmöglich den ganzen Weg gehen kann und das hat mich komplett frustriert.

Da hatte ich wirklich Angst! Sonst nicht! Aber wir konnten es klären, Dozenten getauscht – und dann bin ich los und wusste, ich krieg's hin!

Ich vertrödelte also den letzten Tag, unfähig mich zu orientieren in dieser Millionenstadt und vielleicht auch nicht willens - in zwei Tagen, also übermorgen, werd ich um acht Uhr früh in meiner Arbeit stehen - und dann wird sich vielleicht zeigen, ob etwas anders geworden ist...

19. Champions league in der Türkei

An diesem letzten Abend ist mir dann noch eine traurige Geschichte passiert. Ich saß am späten Nachmittag in einem kleinen Café in der Altstadt, als sich wieder mal ganz spontan ein Türke zu mir setzte, der bis zu seinem siebzehntenten Lebensjahr in Deutschland aufgewachsen war und deshalb perfekt deutsch sprach, er arbeitet hier in der Altstadt als Fremdenführer. Wir redeten über Polizei und Politik, über Syrien und Religion, über 9/11 und den ganzen anderen Mist und es war wirklich sehr nett. Abends war das Championsleague-Spiel Bayern gegen Dortmund (lustigerweise im Londoner Wembley-Stadion), und er hatte eine gute Idee, in welchem Altstadtcafé man das gut anschauen konnte. Ich war einverstanden, musste allerdings noch kurz in mein Hostel, um meinen Rucksack zu holen und auszuchecken. Auf dem Rückweg (ich hatte kurz überlegt, vielleicht doch noch ein anderes unverbindlicheres Angebot mit dem Geltendorfer Hünen anzunehmen) kam er mir bereits entgegen, das Café war wirklich nett, das Programm lief auf Deutsch (ZDF), das schien niemanden zu stören, nur waren alle Dortmundfans, da in deren Mannschaft mehr Türken spielen, was soll's, die Bayern haben zwei zu eins gewonnen.

Meine Begleitung trank ein Bier und aß Pommes, und wir redeten über seine Familie, dass er mit siebzehn Jahren Deutschland nicht verlassen wollte, seine Familie ihn aber gezwungen hat, dass er sich mehrmals wieder versöhnt und zerstritten hat mit seinen Eltern, Onkels und Tanten. Dass er immer wieder zurückgekommen sei, aufgenommen wurde, und doch, jedes Mal wurde von ihm die Anpassung an die strenge Familientradition gefordert, und jede Abweichung seinerseits wurde erneut mit Ausschluss bestraft. Heute ist er 37 Jahre alt und hat keinen Kontakt mehr zu seiner Familie, ich fand ihn sehr sympathisch, ehrlich und liebenswert. Auch ich habe von mir erzählt, und da es keine sprachlichen Barrieren gab, haben wir gegenseitig auch die Aussagen zwischen den Zeilen verstanden. Als es zum Zahlen ging, erkundigte er sich nach meiner finanziellen Situation, ich hatte noch ein paar Lira und ein paar Notfalleuros im Rucksack versteckt, reicht für Essen und Bier für uns beide sowie Taxi zum Flughafen, und es gab keinen Grund, ihm das zu verschweigen.

Ich zahlte also gern für ihn mit, er bot mir an, auf das teure Taxi zu verzichten, ein Freund von ihm habe ein Auto und könne mich jetzt, nachts um halb zwei, für das halbe Geld zum Flughafen bringen, das hätte dieser schon öfters gemacht. Er wechselte also meinen letzten 20 Euroschein in zwei Zehner, gab mir einen zurück und behielt den zweiten für die Fahrt von seinem Freund. Ich wollte nicht verstehen.

Er führte mich also durch ein paar dunkle Altstadtgassen, aber ich wusste, wenn ich hier richtig anfange zu brüllen, kann er mir nichts tun. Oben in der neuen Stadt angekommen ging es über eine große, helle Straße, dann führte er mich in eine dunkle, verlotterte Straße mit billigen Betonkasernen und Müll an jeder Ecke, dort drüben steht das Auto von seinem Freund. Ich solle kurz warten, sein Freund sei sicherlich noch wach, er käme gleich zurück.

Ich wollte es nicht wissen, er war sehr nett, von seiner Familie verstoßen, schlägt sich alleine durch und er hat mir keinen Grund gegeben, ihm nicht zu vertrauen. Ich werde also auf ihn und seinen Freund warten.

Ich habe mich also umgeschaut, kein Auto weit und breit fährt vorbei, wenn du hier schreist, kommt sicher niemand aus seiner Wohnung, und - ohne dass ich es wollte - haben sich meine Füße (meine wunderbaren Füße) in Bewegung gesetzt in Richtung Licht und nächster größerer Straße.

Na gut, dachte ich mit, wenn er wirklich rauskommt, sehe ich ihn auch von hier und kann dann ja rufen, ich zünde mir erst mal eine Zigarette an und warte – irgendwoher kam ein Busgeräusch, und plötzlich waren meine Füße wieder selbständig und gingen über die Straße und stiegen in den Bus.

Ich weiß nicht, ob das jemand versteht, aber es war ein sehr trauriger Moment.

Ich war nicht sauer wegen der zehn Euro, um die er mich gelinkt hatte (obwohl ich später nochmal zum Bankautomaten musste und neu Geld abheben, was wieder unnötige 5 Euro Gebühr kostete), wir hatten irgendwie Gemeinsamkeiten in den eigenen Biografien entdeckt, andererseits denke ich, er hat sich wirklich sehr gewünscht, dass ich diesen Bus nehme (er hat mich extra nochmal darauf hingewiesen und fälschlicherweise behauptet, dieser Bus führe zum Flughafen). Realistisch betrachtet muss man wohl sagen, natürlich wusste er, ich würde nicht zur Polizei gehen (wir hatten darüber geredet, auch über meine Erfahrungen am Anfang der Reise), ich werde so und so meinen Flieger um fünf Uhr früh nehmen und er ist aus allem raus. Und vielleicht hat er sich auch geschämt - was die Sache fast noch trauriger macht...

Es erinnert mich an die Sache mit den Hunden. Es war klar, die Hunde auf dem Weg sind gefährlich, ich habe meinen Weg einmal um 10 Kilometer verlängert, weil ich vier böse bellende Hunde, die von vier Himmelsrichtungen auf mich zukamen, nur unter größter Lebensangst und aggressivstem Androhen von Felsbrockenwerfen auf zwei Meter Abstand halten und somit die einzig mögliche Pension in diesem Ort nicht erreichen konnte. Der Hallbergmoser zum Beispiel (ein an sich sehr friedlich wirkender Mensch), erfahrener Wanderer, hat auf die Frage nach Hunden sofort ein aufgeklapptes Messer in der Hand (in keinem Actionfilm wäre das schneller gegangen), und meinte, der Hund könne ihn ruhig beißen, dem würde er dann klar die Kehle durchschneiden, die Reise wäre dann trotzdem wohl zu Ende. Sogar der Geltendorfer Hüne erklärte mir ohne dass ich ihn fragte, er habe Angst vor Hunden, ein ponygroßer weißer Hirtenhund habe ihn unter wüstestem Grollen und Bellen 15 Minuten verfolgt und er habe mehrmals Felsbrocken nach dem Hund werfen müssen, nicht einmal, um ihn loszuwerden, sondern lediglich um ihn auf Abstand zu halten. Ein Amerikaner, der in Ankara an der Universität Englisch unterrichtet, hatte mir gar von Joggern erzählt, die im Winter von ausgewilderten Hunden rund um Ankara angefallen und aus Hunger tatsächlich halb aufgefressen werden (ich konnte mir nicht vorstellen, dass Jogger wirklich gut schmecken, auf alle Fälle, ich habe versucht, die Geschichte so schnell wie möglich zu vergessen, was weitgehend gelang).

Das mit den Hunden hatte ich schon vor meiner Reise gewusst, und als ich das letzte Mal mit ihr, an die ich schon fast gar nicht mehr denke, telefoniert hatte und ihr erzählt hatte, dass ich erst mal weggehen will, hat sie zum Thema Angst vor Hunden gemeint – sie kennt sich ja eigentlich mit Tieren ganz gut aus – also sie hat mir damals den äußerst hilfreichen Tipp gegeben, wenn ein Hund bellend auf dich zukommt, soll ich ruhig stehenbleiben, ab und zu mal rüber gucken und dabei blinzeln. Der Hund fühlt sich dann nicht angegriffen und interessiert sich nicht mehr für dich und verschwindet. Naja... Übrigens, das hat mich schon damals an meine Zahnärztin erinnert, die nach einer professionellen Zahnreinigung zu mir gemeint hat, wenn ich weiße Zähne haben wolle, ich ab jetzt nur noch weiße Sachen essen soll, zum Beispiel Naturjoghurt, Reis, Hühnchenbrust, Bananen und Sahnetorte. Das mit der Sahnetorte !!! von einer Zahnärztin hat mich damals so perplex gemacht, dass mir die äußerst wichtige Frage, ob ich dann ab jetzt auch nur noch Weißbier trinken solle, leider gar nicht mehr eingefallen ist.

Die Wahrheit ist: Wenn so ein ponygroßer Hirtenhund die Zähne fletscht, dann hebe lieber einen Felsbrocken auf und deute ihm an, dass du werfen wirst (was ich, danke an die Welt, nie tun musste). Und wenn dich ein halbseidener Touristenführer, so sympathisch er auch ist, in dunkle vermüllte Gassen schleppt, dann sollte man besser den Bus nehmen und verschwinden, auch wenn das irgendwie in einem so freundlichen Land wie der Türkei ziemlich weh tut. Und wenn du meinst, dich aus unerfindlichen Gründen im Zimmer verschließen zu müssen, um deinen Liebeskummer voller Selbstmitleid in die unendlichen Abgründe des Universums zu versenken, dann pack lieber deinen Rucksack und brich auf! Denn auch, was dir zuerst unmöglich erscheint, ist möglich.

Meine Füße haben das glücklicherweise gewusst!…

20. Abschied

Die letzten Stunden in dieser letzten türkischen Nacht waren dann eher nervig. An der zweiten Bushaltestelle, an der angeblich der Bus zum Flughafen fährt, spricht mich ein ziemlich betrunkener türkischer Jugendlicher an, ob ich nicht mit ihm in die Altstadt fahren will, saufen und Mädels aufreißen, er zahlt angeblich alles, und ich habe mich nur gefragt, wie es denn geht, in Europa mit gedeckter Euroscheckkarte und international funktionierendem Handy in fünf Wochen so viele planlose Abenteuer zu erleben.

Aber erstens ist das hier nicht mehr Europa, sondern bereits Kleinasien, zweiten geht mein Handy schon seit dem dritten Tag meiner Reise nicht mehr (ich benutze es nur noch als Uhr, sonst hätte ich es längst weggeworfen), und drittens habe ich es zumindest am Anfang der Reise geschafft, so ziemlich alles falsch zu machen, was man falsch machen kann.

Als der Bus eine Stunde später immer noch nicht kam, hat der jugendliche Türke sich auf meine Kosten per Taxi in die Altstadt - wo ich gerade herkam - fahren lassen, damit ich dann mit demselben Taxi irgendwie doch noch in den frühen Morgenstunden vor dem Flughafen ankomme.

Hier steh ich jetzt, vor dem Abflug-Departure-Building in Antalya und nehme mit einer letzten Zigarette neben den Gepäckwägen Abschied von der Türkei, von meiner Reise.

Und dann kommen die Bilder wieder, die Passüberquerung 1300 Meter über dem Meer, als von dem einen auf den anderen Moment Nebel da war und man nur noch zwanzig Meter weit gesehen hat. Plötzlich wurde es ganz still, alle Insekten, die sonst für ein gleichmäßiges Surren sorgen, haben sich in ihren kleinen Erdhöhlen verkrochen und du bist ganz und gar alleine auf der Welt, so wie du es noch nie warst. Das einzige Geräusch ist das leise Knarren deines Rucksacktragesystems und das gleichmäßige Tocken deiner Wanderstöcke und ihr Echo, und alles ist unglaublich friedlich und leise.

Du denkst an den türkischen Familienvater, der mit seinem alten Auto noch mal hundert Meter zurückgefahren ist und dir eine Flasche Wasser geschenkt hat, weil er wusste, dass du keins mehr hast und der nächste Kiosk mindestens fünf Kilometer entfernt ist (und du ja doch nicht einsteigen wirst, obwohl er dir angeboten hat, dich mitzunehmen).

Oder ganz am Anfang, im Bus vom Flughafen in Antalya zur Stadtmitte, als eine hübsche junge Türkin sofort in der von mir aus dem Wanderführer rausgesuchten Pension per Handy anrief, um mir zu erklären, ich müsste nur zum „Üçkapilardan" und mir genau aufgeschrieben hat, welchen Bus ich nehmen soll.

Der Hundertfüßer, der über meine Karte kroch, um mir den Weg zu zeigen (was so leider nicht klappte), die unsichtbare Sängerin in der Purpur-Schnecken-Bucht, die

Frau im roten Kleid in den Ruinen von Olympos, die sprachlose Schönheit der wild gewordenen Küstenlandschaft ...

Ich darf jetzt nicht sentimental werden.

Ich werde jetzt meine Krücken aus dem Rucksack nehmen und sie hier an der Glasfront vor dem Eingang stehen lassen, vielleicht kommt jemand vorbei, der sie (genauso wie ich) brauchen kann, um seinen Weg zu gehen. Ich werde aufrecht und stolz durch die Marmorbefliese Halle gehen, und ich weiß, mein Rucksack wird leicht sein wie eine Feder, und keine Schildkröte wird mich mehr überholen.

Der Passbeamte wird nicht merken, dass mein Pass immer noch als gestohlen gemeldet ist, sondern brav den Ausreisestempel hinein stempeln, und ich werde auch problemlos das richtige Gate zu meinem Flugzeug finden und mich nicht wieder verlaufen.

Dann werd ich ins Flugzeug steigen, und kurz vor dem Start wird das Flugzeug die Höhenruder an seinen Flügeln nochmal rauf und runter klappen, um zu testen, ob sie wirklich funktionieren, so wie ich es fünf Wochen jeden Morgen mit meinen Füßen gemacht habe (und ich weiß, das habe ich schon mal erzählt) - erst die Zehen, dann das Fußgelenk, dann die Knie rauf und runter klappen, und wenn's funktioniert, wird gestartet ... (Flugzeuge wissen schon, wie's geht!)

Das Flugzeug wird abheben und die Türkei und mein Weg in der frühen Morgensonne verschwinden.

Wenn ich wieder zuhause in München bin, werde ich als erstes meinen kleinen Zitronenbaum gießen.

Denn die kleine Maus krabbelt nicht mehr, sie hat den Weg aus ihrem Türstock längst gefunden.

Foto: Stefan Baums, Mercury BM

FRIEDER WOLFF

Frieder Wolff ist Musiker, Autor und Regisseur. Nach seinem Studium der Psychologie in München war er fünf Jahre an der Filmhochschule, hatte unter anderem ein Stipendium in der Drehbuchklasse. Bekannt geworden ist er mit Filmen wie „Anna fängt mit A an" und „Irgendwo im Süden". Mit seiner Band „Liza23" gewann er 2009 den bayerischen Musikpreis.

Frieder Wolff wohnt in München im multikulturellen Bahnhofsviertel.